限りなく黒に近いグレーな心理術

DaiGo

まえがき

こんにちは、メンタリストのＤａｉＧｏです。
まずは、『限りなく黒に近いグレーな心理術』という怪しげな本を手にとっていただきありがとうございます。

諸説ありますが、色彩心理的にはグレーという色には、
・控えめなイメージを与える
・周囲に自然に溶けこむ
・周囲を引き立てる
という意味があると言われています。

そう、この本は、あなたの周囲に自然に溶け込んでいて、誰もそれと気づかないとても控えめであるにもかかわらず、限りなく黒に近い強力な成果を引き出すグレーな心理術を、ショートストーリー形式でご紹介する本です。悪用すればとんでもないこ

とになりかねませんが、上手に使えばあなたやあなたの大切な人たちをより引き立てることもできるでしょう。

ところで、本書は私としては初めてのショートストーリー本になります。正直、なかなかの冒険だったとは思いますが、そこまでしてショートストーリー形式にこだわった理由は3つあります。

◆ストーリー形式で読みやすく、記憶に残りやすい本書なら、成果が出やすい

世界でもっとも読まれた本と言えば、聖書だと言われています、あなたもご存じの通り、聖書はストーリーによって2000年以上も人々の心を動かし続けてきました。

そう、この聖書もじつはショートストーリー本なのです。短いストーリーにさまざまな学びや教えが散りばめられた聖書は、今でも色褪《いろあ》せることのない気づきを私たちに与えてくれます。ちなみに、私はクリスチャンではありませんが、聖書は何度も読み返しています。

聖書を何度も読み続けて気づいたことは、ショートストーリーの力です。短いゆえに覚えやすいだけでなく、同じような場面に遭遇したふとした瞬間に、はっとその教訓が思い出されるのです。ですから、とても実践しやすいため、長い時を越えて人々がこの教えを実践することができたのです。

本書はこの聖書の力に倣《なら》い、ショートストーリーのなかに心理学を散りばめるというスタイルを採用しました。1つ1つのストーリーにはさまざまな心理学の理論が異なる形で埋め込まれています。ストーリーを頭のなかに入れていただければ、あなたの人生に役立つ心理学が、必要になったときにはっと思い出されるはずです。そしてあなたはその場で、最適な知識を実践することができるというわけです。

◆心理学は組み合わせたときに初めて、真価を発揮するということがおわかりになるでしょう

今まで私が書いた本のほとんどは、心理学の理論やメンタリズムのテクニックを単独で紹介するものでした。しかし、実際にはメンタリストは、1つの目的を達成する

ために、さまざまな理論やテクニックを組み合わせることで最大の成果を狙います。

そこで今回は、この「組み合わせ」をあなたに学んでいただくということに重点を置きました。どのようにしたらこの組み合わせをわかりやすく伝えられるか？　私は考えました、そしてたどり着いた答えがショートストーリーだったのです。

本書では、今までの私の本や心理学の基本書に書かれているようなテクニックが、実践の場でどのように組み合わされると、強力なコミュニケーションになるのかを体験していただくことができます。

きっと、今まで知っていたけれど、なかなか使いこなせなかったテクニックや、言っていることはわかるけれど、なんとなく腑《ふ》に落ちなかった理論なども、読み終わるころには、しっかりと実践できる形で理解できるようになっているはずです。

◆人を動かすのに難解な理論やテクニックはいらないということを知ってください

そして、この本で一番私が伝えたいことは、現実世界は予想以上にシンプルだということです。

多くの人はヒトを動かすのに、難解な理論や特殊なテクニックが必要だと思っています。なぜだと思いますか？

それは行動しない自分への言い訳をつくるためなのです。

ヒトを動かさなければいけないことはわかっている、コミュニケーションが大事だということもわかっている、でも怖い、面倒くさい、だからやりたくない。そんな自分を正当化するために、ヒトを動かすコミュニケーションは難しいものだと自分に言い聞かせているのです。難しいからできないのだ、自分が怠けているわけではないと、そう思いたいのです。

実際は違います、コミュニケーションは驚くほどシンプルです。

本書のショートストーリーを読んでいただくとわかるように、実際には、私の本を読んだことがある方や心理学の基本を少々かじったことがある方ならば、誰でも知っているようなシンプルな心理学が、巧みに組み合わさっているだけなのです。

ですから恐れないで、あなたの知っている知識を組み合わせ、実際に使うということが重要なのです。「でも、組み合わせるなんて難しそう……」そんな不安をあなたは抱えるかもしれませんが、安心してください。本書はその、組み合わせて使う感覚を体験していただき、あなたの不安を解消するために書かれた本なのです。

さて、まえがきはこれくらいにして、そろそろ本題に入りたいと思います。

最後に、スペイン黄金世紀の哲学者バルタザール・グラシアンの言葉をご紹介させてください。

「知識はすべてを可能にする。知識がなければこの世は闇《やみ》だ。ただし、勇気を伴《ともな》わない知識は無力だ。勇気さえあれば、知識は不朽《ふきゅう》のものとなるだろう。」

どんなに知識を手に入れても、それを行動に移す勇気がなければ、知識は何も生み出しません。あなたがこの本を読んで少しでも感じることがありましたら、ぜひ実践してください。この本を通してあなたが、知識だけではなく、行動する勇気も、手に入れていただければ本望です。

メンタリスト　ＤａｉＧｏ

限りなく黒に近いグレーな心理術

Contents

SCENE 1 消費

なぜか人気の繁盛店の仕掛け

EPISODE 1 彼と彼女のディナー編

EPISODE 4 みんなに好かれる同僚編

SCENE 3 男女関係

いいコのフリした悪女の手口

EPISODE 5 清楚ないいコ編

EPISODE 6 元エリートサラリーマン編

SCENE 4 集団

大入り満席のセミナーの秘密

EPISODE 7 人気のマネーセミナー編

SCENE 6

うまくいかないあなたの理由

自分

本書は、月刊『ＢＩＧ　ｔｏｍｏｒｒｏｗ』の連載
「メンタリストＤａｉＧｏの相手の「騙し」を見抜く超心理術」
を基に加筆・再構成したものです。

編集協力　佐口賢作
ブックデザイン　小口翔平＋喜來詩織（tobufune）
撮影　坂本禎久
ヘアメイク　永瀬多壱（VANITÉS）
DTP　センターメディア

SCENE 1
消費

なぜか人気の繁盛店の仕掛け

彼と彼女のディナー編

桜の花がほころび始めた春の夜。あなたは、彼女の誕生日をお祝いしようと、少し背伸びした高級店にやってきました。入口で出迎えてくれたスタッフの案内で、テーブルにつくと、彼女はワクワクした表情で店内の様子を見回しています。

「すごいお店だね。高そうだけど、大丈夫？」

「正直、がんばった。楽しもう」

スタッフからコースメニューを受けとったあなたが、12000円、8000円、6000円の3つのコースから真ん中の8000円のコースを頼もうかな……と思っていると、スタッフが季節限定メニューをすすめてくれました。

少しおトクな価格だけでなく、彼女の好きな真鯛の料理も一品としてコースに入っていて、心にもお財布にもうれしい滑り出しです。しかも、一度メニューを持って下がったスタッフがすぐに戻ってきて、シャンパングラスを2つサーブしてくれました。

「当店からささやかですが、お誕生日のお祝いです。食前酒としてお楽しみください」

素敵な誕生日ディノーの幕開けにホッとするあなた。しかし、すぐに緊張の瞬間がやってきました。ワインリストとの対決です。

普段、ほとんどワインを飲まないあなた。テイスティングの仕方こそネットで一夜漬けしてきたものの、正直、何を頼んでいいか皆目見当がつきません。ソムリエから受けとったワインリストを手に固まっていると、彼女も少し心配そうにしています。

すると、低いトーンの声で問いかけが……。

「お連れ様は、どのような味わいのワインがお好みですか？」

視線を上げると、ソムリエが微笑んでいました。あなたは促されるように「どんなのが好き？」と彼女に目を向けます。

「少しすっきりした味のほうが好きかな」

「でしたら、こちらのワインなどいかがでしょうか。香りはフルーティですが、すっきりした辛口で、女性にたいへん喜ばれております」

ワインリストで確認すると少々予算オーバー気味でしたが、彼女の希望が通るならと納得したあなた。

「じゃあ、それでお願いします」

手の込んだ料理とおいしいワインを楽しみ、メインを食べ終え、彼女がトイレに立つと、ワゴンデザートが登場しました。

すると、入口で出迎え、最初にシャンパングラスをサーブしてくれたスタッフがあなたに近づき、「ご希望でしたら、デザートをバースデープレート風にいたしますが……」と耳打ち。断る理由などありません。

店のスタッフは彼女が席に戻るタイミングを見計《みはか》らい、ハッピーバースデーの歌とともにバースデープレートをサーブしてくれました。

締めのデザートで笑顔あふれるサプライズをプレゼントできたあなたは、「考えていたより高かったな……」と不思議に思いながらも、彼女と2人、「本当にいいお店だったね」と笑顔を交わし、大満足で店を後にしたのでした。

◆あなたを知らないうちに操る「グレーな心理術」

いかがでしょうか？

高級レストランで食事を楽しみ、大満足で家路《いえじ》に付いたカップル。幸せなひと時を演出したレストラン側に、「客をダマそう」という不誠実な様子は見当たりません。

しかし、このエピソードのなかには、メンタリズムを使ったいくつもの心を動かす誘導テクニックが仕込まれています。

いったいどこに？　と思われたなら、もう一度、間違い探しをする気持ちでエピソードを読み返してみてください。彼女を連れてやってきた彼氏の視点ではなく、カップルを出迎えたスタッフやソムリエの立場から状況を見てみると、意外な気づきがあるかもしれません。

改めて、いかがでしたか？

怪しいと感じるポイントがいくつか見つかったはずです。

それは、3つでしょうか？　5つでしょうか？　もうひと声。じつはこのエピソードに使われている「心を誘導するダマしのテクニック」は、全部で8つあります。

ただし、ここで使われているテクニックは「ダマす」ほどのブラックさはほとんどありません。使い方ないしは、受けとり方によっては「ダマした」「ダマされた」と考え、思わせることもできるグレーなレベルものです。

たとえ誘導されたとしても、このエピソードのカップルのように、それとは気づかず楽しいひと時を過ごせたのなら、それはすばらしい体験だったと言えます。

もちろん、本書の後半に向けてそのエピソードはグレーから限りなく黒に近づき、まさにダマすためのテクニックも紹介していきますが、それらのテクニックは特殊な技能というわけではありません。日本人に身近な気づかいやおもてなしが相手の気持ちを動かすのも、そこに心を誘導する何かがあるからです。

言わばメンタリズムは、その何かを心理学などを利用して体系づけたもの。相手の行動や態度、言葉などから心理を読み解き、思うままに誘導する技術です。相手の想像力に働きかけ、心を動かすことを「ダマす」と捉えることもできれば、「気づかい」

と表現することもできます。

◆高級店の入り口に店員が立っているのはじつは…

たとえば、このエピソードで使われている1つ目のテクニック**「入口で出迎えてくれたスタッフ」**は、まさに気づかいやおもてなしとして定着している行動です。

予約客を入口まで出迎えにいく。これは旅館やエステ、高級レストランなど、一流のサービスを売りにしている接客業の現場では当たり前に行われていることです。女将《おかみ》が気づかいとして行っている場合もあれば、メイド喫茶の「お帰りなさいませ、ご主人様」のようにマニュアル化されたケースもあります。

あなたもこれまでに必ずどこかで、こうした出迎えを経験しているのではないでしょうか。そして、それは決して気分の悪いものではなかったはずです。

いずれにしろ、こうした行動が相手の心に対して一定の効果を与えることは、心理学的に証明されています。とくにこのエピソードのように、やや緊張しながら出向いた先で、温かな出迎えを受けたとしたら、あなたもうれしさや安心を感じるのではないでしょうか。

そして、それは店に対する好印象として強く刻まれます。

なぜ、そうした心の動きが生じるのか。それは**「初頭効果」❶**と呼ばれる、心理学的な反応が起きているからです。初頭効果とは、最初の印象が強く残るという効果。無関心な相手にとくに有効だとされています。

私たちは、初めての相手と出会ったとき、無意識のうちに約7秒で第一印象を感じとります。しかも、初対面の印象は半年間持続するとも言われているのです。意識的にあなたの心を動かそうとしてくる相手は、知識として、もしくは経験則として、初頭効果の力強さをよく知っています。

プレゼンテーションのうまいビジネスマン、なぜか会議の雰囲気をリードしていく上司、新規客に強い営業担当者、見た目はほどほどなのになぜかモテる友人など。身近にいるこうしたタイプの人をよく観察してみると、それぞれが初対面での最初のアプローチに力を入れていることが見えてくるはずです。

一方、このエピソードの主人公は、スタッフの出迎えによってすっかり店のペースに乗せられていきます。

◆思わず店員のおすすめを注文してしまうタイミング

いい気分で席へと案内された主人公は、渡されたメニューを開き、2つ目のテクニックにまんまとはまります。

12000円、8000円、6000円の3つのコースから真ん中の8000円のコースを頼もうかな……と思っていると、スタッフが季節限定メニューをすすめてくれました。

メニューに価格の異なる3つのコースを載せて、店側が一番売りたいコースを選ぶように導いていく。これは行動心理学の世界で**「ゴルディロックス効果」❷**と呼ばれる手法を応用したもの。私たちは何かを決めるとき、価格の選択肢が2つしかなく、参考になる情報が少なければ、安いほうを選ぶ傾向があります。

ところが、選択肢が3種類あると、行動ががらりと変わってしまうのです。その商品やコースの本質的な価値を考える前に、中間の選択肢に強く惹きつけられていきます。

ゴルディロックス効果は別名「松竹梅の原理」とも訳されますが、商品に関する情報が少なく、価格帯の選択肢が3つになると、中間のものを選びやすいという購買心理の法則です。

Aコースが6000円、Bコースが4000円、Cコースが3000円だった場合、半数以上の人がBコースを選択してしまいます。しかも、そのコース内容を吟味《ぎんみ》することなく、手頃そうだから……という理由で中間である竹のBコースに信頼感を寄せるのです。

当然、こうした人の心理を知る側は、価格付けや品物の紹介の際にゴルディロックス効果を駆使してきます。と言っても、難しいことは何もありません。一番売りたい商品Bの前後に、ハイグレードの高い商品AとローグレードのNの安い商品Cを配置するだけ。これだけで、あなたは、極端な選択を回避しようとして、店が売りたい中間の商品を選んでしまうのです。

このときの価格差は「A・B・C＝6・4・3」が効果的だと言われています。

たとえば、賃貸物件を借りようと不動産業者を訪れると、必ず内見の際、3件の物件に案内されます。

1件は予算オーバー気味で豪華な物件、1件は予算よりも安く古い物件、1件はほどよい家賃でほどほどの物件。ゴルディロックス効果に加え、私たちには潜在的に極端な選択を回避する本能があるので、ボロい物件よりもいいし、豪華な物件よりも手頃という理由で、ほどよい家賃でほどほどの物件に決めようという気持ちになります。

これはさまざまな業界で使われているテクニックなので、「なんとなく真ん中がいいかな？」と感じたときは、価格設定が3つに分かれていないかどうかを確認しましょう。もし、そうならひと呼吸置いて内容を吟味することが対策となります。


しかし、このエピソードのレストランではもう一段深い仕掛けが使われ、結果的に主人公は自分で選ぶことなく、食事のコースを決めてしまいます。というのも、主人公がメニューから中間の選択肢に決めようとしたところで、スタッフが真ん中のコースよりも少し安い7500円の季節限定コースをすすめてきたからです。

季節限定コースに使われる旬の食材は、その場その時に使い切ってしまいたいのが、店の本音でしょう。とはいえ、最初から「季節限定コースはいかがですか?」とアプローチしてしまうと、極端性を回避する心理が働き、客は他の選択肢と比較して選びたくなってしまいます。

ところが、先にメニューを渡して選んでもらいながら最後にひと押しすると、客はこのエピソードの主人公のように、あたかも自分で決めたような感覚になるのです。

加えて、自分が考えていたコースよりも安いコースをすすめられたことで、主人公はこのスタッフを店の損をいとわないいい人と捉え、信用するようになります。

そんな主人公にトドメを刺したのが、次に紹介する3つ目のテクニックでした。これは**「返報性の法則」❸**を使ったものです。

◆ウェルカムドリンクでかえって儲かるワケ

スタッフがすぐに戻ってきて、シャンパングラスを2つサーブしてくれました。

ポイントは2つあります。1つは同じスタッフが出迎え、メニューの決定、シャンパンのサービスと3つの場面で主人公と接している点。人は、見知らぬ相手には冷淡な態度をとり、攻撃的になりがちですが、会う回数が増えれば増えるほど、親近感を覚えていきます。

これはアメリカの心理学者ロバート・ザイアンスが研究発表した心理法則で、**「単純接触効果」**❹と呼ばれるもの。このスタッフはわずかな時間に何度も主人公と接することで、密かに親交を深めていたわけです。

そして、もう1つのポイントは無料のサービスをコースの始まる前にプレゼントしている点です。人は他人から何かをしてもらうと「お返しをしなくてはならない」と考えます。

とくに先手、つまり先に与えたほうが、返報性の原理が強く働くことがわかっており、彼女の誕生日という大切な日に、最初に、シャンパンという非日常の飲み物を無料で受けとったという事実は、主人公に「より大きなものを返したい」と思わせるに十分なインパクトを与えたことでしょう。

ちなみに、この返報性の法則はあなたの日々の生活でもすぐに応用することができます。取引先への手土産、後輩への差し入れ、家族への気づかい。高価な商品を贈る必要はありません。栄養ドリンクや缶コーヒー、ケーキといったちょっとしたプレゼントを対面した直後に渡してしまうのです。

すると、相手は「お返ししなくちゃ」と思います。その結果、商談の席でも、厳しい残業をお願いする場面でも、仕事で遊びに行く約束を反故《ほご》にしてしまった後でも、場の空気を和らげ、心理的に優位に立つことができるのです。

◆なぜかちょっと高めのワインを注文してしまう心理

エピソードの中盤、ソムリエの登場とともに5、6と2つのテクニックが登場します。

「お連れ様は、どのような味わいのワインがお好みですか？」

視線を上げると、ソムリエが微笑んでいました。**あなたは促されるように「どんな**

のが好き？」と彼女に目を向けます。

「少しすっきりした味のほうが好きかな」

「でしたら、こちらのワインなどいかがでしょうか。香りはフルーティですが、すっきりした辛口で、**女性にたいへん喜ばれております**」

不慣れなワインリストを手に主人公が悩み始めたところでタイミングを計って、アドバイスを始めるソムリエ。相手を迷わせてから、判断を手助けする手法は**「混乱法」**❺と呼ばれ、カウンセリングなどで使われるもの。人は判断に迷う状況に身を置くと、考えるのが面倒になり、差し出された答えに賛同しやすくなります。

それも自分に知識が不足している場合ほど、専門家からの意見に流されやすくなることもわかっています。人の心理は不思議なもので、知識よりも安心や安定を求めるからです。ここでは、ソムリエという専門家の意見は信頼できるものと映ります。

ニセの投資話の被害者に「なぜ、投資案件に乗ってしまったのか」を聞くと、「信頼できる人からすすめられたから」という答えが返ってきます。知識の豊富な専門家だから、親身になって相談に乗ってくれた人だから、昔お世話になった人だから。こうした要素が安心を生み、正しい判断を鈍らせるのです。

しかも、ここでは二段式になっていて、ソムリエは彼女を巻き込むように仕向けていました。とくに男性は見栄をくすぐられると、後には引けなくなる生き物です。商売上手なソムリエは、高いワインやシャンパンについて「女性の好みそうな味だ」と表現します。

このシーンで言えば、主人公から彼女に好みを聞かせ、答えてもらい、その味に近いワインを提案しているわけです。しかも、締めくくりに「女性に大変喜ばれています」というセリフを使い、**「社会的証明」**❻という心理法則まで活用しています。

◆見栄を張りたい心理を利用する

社会的証明は、人が根源的に持っている「周りと同じことをしたい」という心理です。この心の動きは、非日常の空間でより強く働きます。

たとえば、初めての海外旅行で飛行機から降りた後、どこに向かえばいいのかわからないとき、あなたは周囲を見回すはずです。そして、多くの旅客が向かう方向へなんとなく安心しながらついていく。これが社会的証明による行動の一例です。

つまり、多くの人が選択していると、それが正しいことのように思ってしまう。このシーンで言えば、主人公にとってソムリエからの「女性に大変喜ばれています」は「すばらしいワインを選ばれましたね」という称賛に聞こえたことでしょう。

小売店などで人気商品のランキングが展示されているのも、社会的証明による安心感を利用したもの。自分が選択した商品は周りの多くの人が選んだものだから、大丈夫。このシーンでは彼女の希望した味からソムリエがすすめてくれたワインですから、より安心です。

加えて、男性は見栄を張りたい生き物ですから、彼女に希望を言わせた時点で、それを叶えてあげたいと思うもの。ソムリエの選んだワインが値の張る逸品だとしても、「じゃあ、これにしようか。君のために」という心理になっていきます。

◆間違いなくオプションを追加させるひと言

最後、7つ目、8つ目のテクニックが盛り込まれているのは、このやりとりです。

すると、入口で出迎え、最初にシャンパングラスをサーブしてくれたスタッフがあなたに近づき、**「ご希望でしたら、デザートをバースデープレート風にいたしますが……」と耳打ち。**断る理由などありません。

ここで使われているのは、マーケティング用語で**「クロスセル」**❼と呼ばれる手法です。日本語に訳すなら「ついで買い」という表現がぴったりかもしれません。

ファーストフード店でハンバーガーを買った後、「ご一緒にお飲み物はいかがですか?」と聞かれるのを筆頭に、海外旅行の航空券を手配した直後に「世界遺産を巡る日帰りのオプショナルツアーはいかがですか?」とすすめるなど、誰もが一度はクロスセルの手法に接したことがあるはずです。

これは、人が一度でも購入を決定してしまうと、心理的に無防備な状態になりやすい性質を利用したもの。間隙《かんげき》を縫《ぬ》うように、購入した商品と関連性の高いものを提案されると、つい「ついでに、買ってしまおう」と思ってしまうのです。

この心理現象を「テンション・リダクション」と言いますが、じつはこのまま実行しても成功率はさほど高くないと言われています。ところが、ここにもう1つのテクニックを組み合わせることで、ついで買いの確率はぐんと高まるのです。

それが**「コントラストの原理」**❽です。

たとえば、30キロのお米を持ち上げた後、5キロのミネラルウォーターを持っても、それほど重いとは感じません。でも、最初に5キロのミネラルウォーターを持ったら、ずしりと重みを感じるはずです。

あるいは、高速道路を120キロで運転し続けた後、一般道のクルマの流れに入ると、60キロで走っていても遅く感じます。このように人の心は、先に強い刺激を受けていると、次にやってくる刺激に対して鈍くなるのです。

これはお金の支払いに関しても通じるもので、最初に買った商品との関連性が高く、価格は安いものをすすめられると、「これくらいなら、いいか」と判断してしまいます。仮に、それが普段の金銭感覚からすると高い商品であっても、です。

このシーンでもデザートはコース料理の締めくくりで、主人公はすでにコース、ワインと高い買い物を済ませた状態にあります。そこへスタッフから誕生日のサプライズ演出という形でのクロスセルを受けたわけです。主人公はバースデープレート風に仕上げることでかかる追加料金など、コントラストの原理によって気にならない状態。快く受け入れ、ディナーを締めくくることになったわけです。

このエピソードを店側の視点から見ていくと、1杯のグラスシャンパンのサービスによって、頼んでもらいたいコースを選ばせ、高いワインや追加料金のかかるデザートの注文をとり、客単価を上げることに成功。いずれも相手に気づかせず誘導していくため、カップルは疑うことなく、「いいお店だった」と言いながら帰っていきました。

このエピソードのようなケースでは、「グレーな心理術」を活用すると、誰かに幸せな瞬間をプレゼントする方法にもなることがわかるかと思います。

物事は常に表裏一体。グレーなテクニックは使い方によって、幸福な贈り物にもなるのです。

久しぶりの新車購入編

予想よりも少し多めに出た夏のボーナスにも背中を押され、久しぶりに新車を購入することに決めたあなた。7年間苦楽を共にした愛車で、旧知の販売店にやってきました。

応対してくれたディーラーの社員のAさんは、ハキハキ明るい語り口で、メーカーオススメのクルマを紹介してくれます。

最初に試乗したのは、ツーシーターのスポーツタイプ。遊びのあるデザインと高いエンジン性能は独身の自分向きかもと思いましたが、やや予算オーバーです。次に紹介されたのは、「今、一番売れている」というコンパクトカー。まとまりのあるデザインに、街乗りには申し分ない性能、価格も手頃で「売れるわけだ」と納得しましたが、いまひとつ、心が動きません。

最後に試したのは、7年前には登場したてだったハイブリットカーです。当時に比べるとデザインも洗練され、価格も手頃になり、予算内。何より今までとは違う運転感覚に惹かれました。

あれから2カ月、あなたはメーカーのサイトをじっくりチェックし、購入する車種はハイブリットカーの◯◯と決めて、再びディーラーを訪れました。

すっかり顔見知りとなったAさんは、ショールームのテーブルセットにつくなり、そっと告げるように「じつは来月、◯◯に新色を用意した新グレードが投入されることになりました」と切り出してきました。

渡された資料に目を通すと、新グレードではあなたが「あればいいなぁ」と思っていた新色が限定数で選択できるようになっています。どうやら、Aさんは試乗時にあなたがつぶやいた「これで、◯◯色があれば最高なのにな」という言葉を覚えていたようです。

「納車は2カ月ほどお待ちいただくことになりますが、こちらの新色は◯◯様がご希望していた色合いに近いかと思いまして」

「たしかに。でも、実物を見られるのは先でしょう?」

「もちろん、先日、試乗いただいたモデルで決めていただいてもよろしいですが、今ならば限定数にもまだ多少の余裕があります。一度、新グレードを契約いただいて、実物を見ていただいた後、お気に召さなければ試乗されたモデルで再契約ということも可能です」

限定枠を押さえておいて、イマイチなら切り替えられる。ディーラーの提案に納得したあなたは、200万円という価格で新グレードの購入契約を結びます。

大きな契約を済ませてホッとしたのも束の間、「こんなにあるの!?」と驚くほどのオプション品の選択が待っていました。

Aさんにすすめられるまま、あなたはまず、アルミホイールやフロアマットなど、価格も安く選択肢の多いオプションを選択していきます。

「正直、これはディーラーではなく、後で市販品を購入されたほうがおトクですよ。でも、このホイールは◯◯専用にデザインされたものですから、オススメです。価格も少しお値引き可能で、○○円にできます」など、迷っているあなたに的確なアドバイスをくれるAさん。

あの新色にこのホイールはたしかに似合うかも……。納車時のクルマを想像するあなた。ワクワクした気持ちで、Aさんを信頼し、次々と決めていきます。

終盤にきて、サイドエアバッグ、純正カーナビ、サンルーフなど、納車後には追加できない単価の高いメーカーオプション選びがありましたが、これもAさんのアドバイスに従ってサクサク決定。

あなたは、やりきった充実感を覚えながら、納車の日を楽しみに家路《いえじ》についたのでした。

◆商品を見せる順番を変えれば、高くても売れる

これを買いたいと決めて出かけたのに、気づくとより高いものやとくに必要だと思っていなかったものまで買って帰っていた……。チフシに載っていた目玉商品をチェックしようと店に入ったのに、肝心の商品は売り切れで、なんとなく安そうなものを何個も買ってしまった……。

冷静に考えてみると、生きるために最低限必要な品物はさほど多くなく、ほとんどの人は極論すると無駄な物を購入しながら生活しています。

経済学者に言わせれば、１９７０年代以降、可処分所得が増え、供給が需要を上まったときから、マーケティングが発達。本来、買わなくてもいい商品をいかに人々に買わせるかが真剣に研究されるようになったそうです。

その流れのなかで、心理学をベースにした売るためのテクニックも進化しました。日用品から嗜好《しこう》品まで、買い物はある意味、あなたと売る側との戦いです。

このエピソードの主人公はクルマという高価な商品を買いに出かけます。つい買いすぎてしまう日用品とは違い、買う意志は固まった状態での買い物です。売る側としては、顧客の心を掴《つか》んで離さず、できるだけ高い車種、数多くのオプションを選ばせ、客単価を増やしていきたいところ。当然ながら、駆け引きは試乗時から始まっています。

最初に使われているのは、**「ゴルディロックス効果」**です。ただし、ここでは価格以上に車種が提示される順番に注目してください。

最初に試乗したのは、ツーシーターのスポーツタイプ。遊びのあるデザインと高いエンジン性能は独身の自分向きかもと思いましたが、やや予算オーバーです。次に紹介されたのは、「今、一番売れている」というコンパクトカー。…(中略)**…最後に試したのは、7年前には登場したてだったハイブリットカーです。当時に比べるとデザインも洗練され、価格も手頃になり、予算内。何より今までとは違う運転感覚に惹かれました。**

ゴルディロックス効果を使い3つの選択肢を提示する際は、もっとも高価なA、すごく安いC、本命のBという順番で見せると効果的だとされています。なぜなら、人はグレードの高いAでは贅沢すぎると腰が引け、グレードの低いCでは安っぽく感じ、少し見栄も張れるBを選ぼうとする傾向があるからです。

このケースでは、Aがスポーツタイプ、Cがコンパクトカー、Bがハイブリットカー。主人公は価格的にも中の上とも言えるハイブリットカーに惹かれていきます。

◆うっかり自分の希望を言うと高いものを買うハメに

そして、購入の意志を固めて後日来店した主人公に対して、ディーラーの営業マンは同じ車種の新グレードをおすすめしてきます。

「じつは来月、○○に新色を用意した新グレードが投入されることになりました」と切り出してきました。…（中略）**…どうやら、Aさんは試乗時にあなたがつぶやいた「これで、○○色があれば最高なのにな」という言葉を覚えていたようです。**

ここで主人公の心が前向きに動くのは、**「一貫性の原理」❾**が働くからです。

一貫性の原理とは、自分が選んだもの、買おうと決めたもの、買ったものなどの価値が本人の心のなかで高まっていく仕組み。人は誰もが自分の判断は正しかった、賢い買い物をした、いいものを選んだ、いいものを使っていると信じようとします。

その結果、一度下した決断には一貫性を持とうと考えてしまうのです。このエピソードで営業マンは主人公のつぶやきをフックに使い、より高価な限定グレード車を提案しています。ハイブリットカーを買うと決めてきた主人公は一貫性の原理に背中を押され、限定グレードの購入を検討し始めるのです。

ちなみに、もっと安い価格帯の商品でも一貫性の原理は、よく使われています。代表的な例が、クーポンです。おトクなクーポンに釣《つ》られて店に行き、結果的に高いメニューやサービス、商品を頼む流れになり、たくさん支払うことになってしまった経験は誰もがあるのではないでしょうか。

あるいは、家電量販店やドラッグストアのチラシ。1円の目玉商品を数量限定で掲載し、来客数を増やします。目玉商品だけを買われてしまうと店側は赤字になりますが、数量を限定しているので買えないお客さんのほうが多数派となります。クーポンにしろ、チラシにしろ、おトク情報を見て集まった人たちは、買う気になって来店していますから、何も買わないままでは欲求が満たされません。買いに来たという行動に一貫性を持たせるため、買い物をしてしまうのです。

◆値札を少し変えるだけで顧客心理は操れる

続いて使われているのは、「リスクリバーサル」⓾という手法です。

限定枠を押さえておいて、イマイチなら切り替えられる。ディーラーの提案に納得したあなたは、200万円という価格で新グレードの購入契約を結びます。

これはお客さんが商品を買う際に感じる迷いや不安、リスクを売る側が代わりに引き受けることで買いやすい環境をつくるテクニック。このエピソードでは、無償で契約内容を切り替えられるという提案がなされていますが、代表的なのは返金や返品保証です。

ダイエット食品や健康食品、あるいは学習教材など、使ってみなければいいものかどうかわからないという不安が付きものの商品について、「効果がなければ、全額お返しします」と保証。すると、買い手は「返金保証があるなら試してみよう」と購入のハードルを下げられるわけです。

そして、このシーンでもう一つ注目したいのは、２００万円という価格。重要なのは数字の端数です。人は端数が１９９８円、２９８０円とごちゃごちゃした数字になっていると、その商品を安くておトクだと認識します。

こうした心理を付いた値付けの方法が、端数価格。本当は１５００円の価値のものでも、１９９８円という値札が付くと２０００円以上する品が安くなっていると解釈してしまうのです。

一方、何十万円、何百万円する高級品に関しては、端数を０００円で揃えたほうが、高級感が高まることもわかっています。38万円よりも50万円、１９８万円よりも２００万円。切りのいい数字に切り上げられているほうが、人はそこに対価を払うだけの価値があると考えます。ハイブランドの値札は税抜き表示が多いのも、そのためです。

高いから信用できる、高いから品質がいい、高いから満足できる。こうした心理をくすぐる値付けが、名誉価格です。

クルマに適した値付けの方法は当然、端数価格ではなく、名誉価格となります。それを理解しているディーラーの営業マンは、200万円という切りいい数字を提示し、なおかつ、リスクを回避できる条件を付けて、主人公の購買欲をさらに高めていったのです。

◆判断力をそぎ落としてから高額オプションを提示する

このエピソードの終盤となってきたところで使われたのが、**「ローボール・テクニック」**⓫でした。主人公は営業マンに主導権を握られたまま、オプションの選択に入っていきます。

Ａさんにすすめられるまま、あなたはまず、アルミホイールやフロアマットなど、価格も安く選択肢の多いオプションを選択していきます。…（中略）…終盤にきて、サイドエアバッグ、純正カーナビ、サンルーフなど、納車後には追加できない単価の高いメーカーオプション選びがありましたが、これもＡさんのアドバイスに従ってサクサク決定。

ローボール・テクニックはセールスの世界でよく使われるテクニックです。最初に旨味のある提案をして承諾させ、一貫性の原理の流れに買い手を乗せてから、徐々に条件を売り手有利に変えていきます。

ここでは最初に複数の選択肢があり、安い価格帯のオプションを複数提示。納車時のクルマを想像させながら、おトクな情報や値引きを提案しながら商談を進めていきます。

人は小さな決断であっても回数を繰り返すと、疲れて判断力が落ちてきます。選択の連続で判断力を消耗させるのです。そこで単価が高く重要な判断が必要なオプションを持ち出すわけです。すると、買い手は身近にいる信頼できそうな人の意見に流されます。

このシーンで言えば、それは主人公のつぶやきを聞き逃さずに希望を叶え、ここまで親身になってオプション選びに協力してくれた営業マンです。ホイールやフロアマットなどで値引きした額など、すっかり吹き飛んでしまう価格帯のメーカーオプションを主人公にすすめ、承諾を得ます。


最終的に納車の日を楽しみにしながらディーラーを出た主人公。このエピソードは購入の意志のある買い手と売り手のやりとりでしたが、ここで紹介したテクニックはあらゆる商売の現場で使われています。

ショッピングモールに行き、ぶらぶらウィンドウショッピングをするはずが、帰りには両手いっぱいの買い物袋を下げていた。そんなときは必ず、本章で紹介したテクニックのいくつかによって知らず知らずのうちに購買欲を高められているはずです。

もちろん、買ったことで満足感を覚えているなら何の問題もありません。買い手も売り手もハッピーです。しかし、家に着いた途端、買い物袋の中身にそれほど愛着を感じないようなら、それは「ダマされた」ということになります。

こうした浪費を防ぐためにも、まずは紹介されたような売るためのテクニックがあることを知るのが大切です。

知ってさえいれば、「ああ、この値付けはゴルディロックス効果を使っている」「クロスセルを知っている店員さんなら、ここで追加注文をすすめる声がかかるな」など、売る側の手の内が見えてきます。

見えたうえで、「買う、買わない」の判断ができれば自ずと浪費を防ぐことができ、「ダマされたかも……」と悔しい思いをする回数も減っていくことでしょう。

❶ **「初頭効果」**

人は、最初のイメージによって相手の印象を決める。初めての相手と出会ったとき、無意識のうちに第一印象を感じとり、第一印象は半年間持続すると言われる。

対処法▼愛想のいい人が近づいてきたとき、少しでも「なにか変だな」と感じたら、その直感を大事にすること。

❷ **「ゴルディロックス効果」**

商品に関する情報が少なく、価格帯の選択肢が3つになると中間のものを選びやすいという購買心理の法則。このとき、価格差の比率は「A・B・C＝6・4・3」、選択肢の提示順は「高価なA、安いC、本命のB」とするのが効果的。

対処法▼財布を開く前に、「本当にBが欲しいのか」と問いかける。

❸ **「返報性の法則」**

人は他人から何かをしてもらうと「お返しをしなくてはならない」と考える。とくに先手、つまり先に与えたほうが、返報性の原理が強く働く。

対処法▼返報性の法則の存在を意識し、不適切な親切は受けとらないよう心がける。

❹ **「単純接触効果」**

人は、見知らぬ相手には冷淡な態度をとり、攻撃的になるが、接触回数が増えれば増えるほど、親近感を覚えていく（接触回数にはメールやＬＩＮＥも含まれる）。

対処法▼親近感と信頼感は別物だと戒《いまし》める。

❺ **「混乱法」**

人は判断に迷う状況に身を置くと考えるのが面倒になり、差し出された答えに賛同しやすくなる。それも自分に知識が不足している場合ほど、専門家からの意見に流されやすくなっていく。

対処法▼その場で決めず、いったん持ち帰り、自分で調べてみる。

❻ **「社会的証明」**

人が根源的に持っている「周りと同じことをしたい」という心理。多くの人が選択していると、それが正しいことのように思ってしまう。

対処法▼判断する際、一拍《いっぱく》置いて、「本当にそうしたいのか」問いかける。

❼ **「クロスセル」**

人は一度でも購入を決定してしまうと、心理的に無防備な状態になりやすく、そのタイミングで購入した商品と関連性の高いものを提案されると、断りきれない。

対処法▼これを買うと決めたもの以外は買わない。

❽ **「コントラストの原理」**

人は先に強い刺激を受けていると、次にやってくる刺激に対して鈍くなる。金銭の支払いにも通じ、最初に買った商品との関連性が高く、価格は安いものをすすめられると購入してしまう。

対処法▼これを買うと決めたもの以外は買わない。

❾ **「一貫性の原理」**

自分が選んだもの、買おうと決めたもの、買ったものなどの価値が本人の心のなかで高まっていく心理。

対処法▼手にしているモノの価値について、第三者の意見を聞く。

❿「リスクリバーサル」

返品保証、返金保証を示し、お客さんが商品を買う際に感じる迷いや不安、リスクを売る側が代わりに引き受けることで買いやすい環境をつくるテクニック。

対処法▼なぜ、その商品を今まで買わなかったのかを考える。

⓫「ローボール・テクニック」

最初に旨味のある提案をして承諾させ、一貫性の原理の流れに買い手を乗せてから、徐々に条件を売り手有利に変えていく。

対処法▼紙に書き出す、数値化するなど、条件を「見える化」して判断する。

SCENE 2
仕事

百戦錬磨のビジネスマンの戦略

とんとん拍子に商談成立編

内線で取引先の担当者の到着を聞いたあなたは自席を離れ、ミーティングブースにやってきました。

上司からは「条件次第で仮契約を結んでもいい」という内諾《ないだく》を得ています。いずれにしろ、重要な商談の最終的な詰めとなるはずです。

週の頭の月曜日から慎重な判断が求められるのはしんどいな……。そんなことを思いながら、ブースに入ると、取引先の担当者が立ち上がったまま、あなたを待っていました。

今日は若手のCくんだけでなく、部長のBさんも同席しています。先方も、今日が商談の勝負どころだと考えているのでしょう。

メタルフレームのメガネをかけ、紺とブルーの細身のスーツを着たCくんと、ぽっこりしたお腹が赤いネクタイを押し上げるほど恰幅《かっぷく》のいいB部長。普段からCくんが説明役、豪快に笑うB部長がムードメーカー役を担うデコボココンビです。

「いやー、今日はお時間ありがとうございます。これ、課のみなさんでどうぞ。週末、ちょっと熱海でゴルフをしてきましてね。私のスコアはさんざんでしたが、この饅頭《まんじゅう》はうまいですよ」

ガハガハ笑いながら、土産袋を差し出すB部長。

「いつもすいませんね。遠慮なくいただきます」

土産袋を受けとりながら、あなたは「B部長と会うといつもその勢いに巻き込まれるな……」と感じていました。

その横でCくんは資料の準備を終え、「前回、お問い合わせいただいた点ですが」とすみやかにミーティングをスタートさせます。

Cくんはあなたの質問に対して、グラフや統計など、ビジュアル化された資料を示し、「40代男性の85％が関心を持っていることがわかっています」「専門誌である◯◯誌の調査では人気ナンバー1になりました」「ですから成功の確率は高いと考えています」とそつなく対応。契約料の異なる3つのプランを提示し、こちらに選択肢を与えてくれました。

その間、B部長は「なるほどな」「そうか、そうか」など、大げさにうなずき、まるでCくんの資料を初めて見るような反応で、合いの手を入れてきます。

「説明を聞いているのはこちらなのに、どうも調子がくるうな……」と思っていると、B部長のスマホから軽快な着信音が聞こえてきました。

「お、こりゃごめんなさい!!　マナーモードに切り替えるのを忘れていました」

ガハガハと笑ったB部長は、「海外からなので、失礼しますよ」と言うと、流暢《りゅうちょう》な英語で話し始めます。

意外に思ったあなたは、電話が終わったタイミングで「英語、お上手なんですね！」と感想を伝えると、「いやー、学生時代、留学していましてねー」と笑みを浮かべるB部長。意外な一面によって、豪快な笑いのムードメーカーという印象が、仕事のできるムードメーカーに変わっていきました。

Cくんが提示した条件に納得したあなたは、3つ目に出されたプランで仮契約を結ぶことを決定。先方のつくった仮契約書にはサインを記入すべき場所が多く、少々手間どったものの、いい条件で商談がまとまったことに安堵したあなた。少しだけ気がかりなのは、ブースを出ていくB部長のおじぎが浅く、そそくさとしていたことでした……。

◆商談前から始まっている「グレーな心理術」とは？

今回のエピソードではいくつグレーな心理術に気づきましたか？
社外の取引先との交渉や対話は、メンタリズムを使った心を動かす誘導テクニックを駆使するのに最適なシチュエーションです。

そもそも交渉とは、お互いがこちらの要求を通すために行うもの。双方が合意に向けて対話を続け、双方納得の合意に至るのが理想です。納期、手順、金銭面の条件など、本来、仕事における交渉は会社同士の力の差こそあれ、一定のルールに則《のっと》って合意に至るものと考えられています。しかし、やりとりのすべてが書面で交わされるわけではありません。

対面での対話がある以上、そこでは人同士の駆け引きが重要なポイントとなってきます。いかに相手の優位に立つか。それも相手に気づかれず優位に立てれば、不利だったはずの交渉をひっくり返すことも可能です。

そこで役立ってくるのが、メンタリズム。とくに気づかれないまま相手の心を動かしてしまうグレーなメンタリズムについて知識を得ているかどうかは、ビジネスシーンにおいて非常に重要な役割を担ってくるのです。

このエピソードで主人公は、長らく交渉を続けていた商談の大詰めを迎えていました。取引先からは若手社員だけでなく、普段は顔を見せない部長までやってきました。この日で契約を一気に決めてしまおうという意気込みが伝わってきます。

そんな状況に1人で飛び込んでしまった主人公は、冒頭から心理的にやや押された状態で商談に臨むこととなります。上司の同席は難しくとも、同僚や部下を連れていき、人数を同数にするだけでも場の雰囲気は大きく変わったはずです。

一方、取引先が勝負に出ているのは、部長のネクタイからも明らか。

メタルフレームのメガネをかけ、紺とブルーの細身のスーツを着たCくんと、ぽっこりしたお腹が赤いネクタイを押し上げるほど恰幅のいいB部長。

赤いネクタイは、**「パワー・タイ」❶**と呼ばれる代表的な勝負用ネクタイです。赤は、やる気や熱意を示し、見る人の記憶にも残りやすい色。たとえ、ぽこんと突き出たお腹の上に乗っていても、着用した人を情熱的に見せることができます。

一方、青は知的で誠実な印象を与え、ビジネスシーンでは好感度が高い色です。鎮静効果を持つ色でもあるので、相手が興奮するのを抑えてくれます。大事な商談やクレーム処理、金額の交渉など、感情的になりやすい場に青系のスーツで臨むのは、心理学的に理にかなった選択です。

つまり、情熱の赤と知的な青。どっしりとほっそりのデコボココンビは、お互いを補い合いながら交渉事を進めていくのにちょうどいい組み合わせと言えます。

◆おみやげを渡すのは、商談前と商談後どちらがいいか?

仕事をしているとこんな人に出会うことがあります。

特別なスキルがあるわけでもなく、話術に秀でているというほどでもないのに、場の空気を掴むのがうまい人。あの人が参加すると、なんとなく場が賑やかになるという人。あるいは、あの人と話していると、いつの間にか向こうのペースに持ち込まれてしまうなと感じる人……。

こうした人が無意識か、意識的にか駆使しているのが、**「返報性の法則」**です。前章のレストランのエピソードでも紹介しましたが、人が他人から何かをしてもらうと、「お返しをしなくてはならない」と考えてしまう心理を返報性の法則と呼びます。

このエピソードでも部長は、主人公に「お返しをしなくてはならない」と考えさせるテクニックを駆使しています。

ガハガハ笑いながら、土産袋を差し出すB部長。
「いつもすいませんね。遠慮なくいただきます」
土産袋を受けとりながら、あなたは「B部長と会うといつもその勢いに巻き込まれるな……」と感じていました。

手土産やプレゼントは、最初にとり出すのと、最後に渡すのでは効果が異なります。その違いがわかるでしょうか？

最初に手渡すと、受けとった側の心の壁がある程度崩れ、いい雰囲気のなかで交渉を始めることができます。一方、別れ際に手渡すと、こちらの印象を次回会うときまで好印象に保っておく効果があるのです。

なぜ、こうした違いが生じるのか。これは行動経済学者ダニエル・カーネマンによる**「ピーク・エンド・セオリー」**❷という理論で裏付けられています。

ピーク・エンド・セオリーでダニエル・カーネマンは、人間の一連の記憶が感情のピークとエンドに強い影響を受けると指摘しました。感情を波線グラフで描くなら、高く尖った山になったポイントが強く相手の記憶に残るというわけです。

つまり、交渉事をうまく運びたいならば、手土産やプレゼントは最初に手渡すべきで、今後に交渉の山場がやってくるなら、別れ際に贈るほうが効果的。最後にいいものを手渡すと、あの人はいつも何か持ってきてくれるという感覚を植え付けることもできます。

そう考えると、この部長は初めての相手と会うときも、別れ際に何かプレゼントする習慣を実行しているはず。その結果、主人公は「B部長と会うといつもその勢いに巻き込まれるな……」と感じたのでしょう。
ささやかな手土産でも、使い道と差し出すタイミングを計り、相手の心に働きかけることで、その価値を高く見せることができるのです。

◆パーセンテージを利用した数字のトリック

ムードメーカーの部長が場の空気を整えた後、知的なイメージの部下から提出プランの具体的な説明が始まります。

Cくんはあなたの質問に対して、グラフや統計など、ビジュアル化された資料を示し、「40代男性の85%が関心を持っていることがわかっています」「専門誌である○○誌の調査では人気ナンバー1になりました」「ですから成功の確率は高いと考えています」とそつなく対応。契約料の異なる3つのプランを提示し、こちらに選択肢を与えてくれました。

ここでは3つテクニックが駆使されています。1つ目が**「%を利用した数字のトリック」**❸です。

人は同じ説明を聞いても、そこに数字が使われているかどうかによって理解度や受ける影響が大きく変わってきます。たとえば、レシピの説明を受けるとき、「お酒をたっぷり入れます」よりも「お酒を大さじ5杯」と言われたほうがピンとくるように、数字には物事を具体的にし、わかりやすくする力があるのです。

しかも、その数字にパーセンテージを加えることで、説得力が増していきます。人は成功率や支持率などで高い確率を見せられると、未経験の出来事であればあるほど、安心感を抱いてしまいます。

当然このシーンでも、「40代男性の大半の支持を得ています」よりも、「40代男性の85%が関心を持っています」のほうが、よりはっきりと、それが注目を集めているという印象を与えます。

しかし、パーセンテージは一見、信頼性が高いように見えて実際はあやふやなものです。

たとえば、ここで示されている「85％」が実際には、「関心がある20％、やや関心がある65％」を足したものだとしたら、感じ方は大きく変わってきますよね？

また、いったい何人に対する調査で、この数字が導き出されたのか。健康診断を受けた直後の100人に「体脂肪を効率的に燃焼させるサプリに興味がありますか？」とアンケートをとれば、相当高い数字で関心ありのパーセンテージをはじき出せるはずです。

このようにパーセンテージが出てきたときには必ず、母数、答えた人たちの性質、調査が実施された状況などを確認することが重要です。資料を作成する側は、高い数字にまとめあげるもの。その数値を鵜呑《うの》みにしてしまうのは、非常に危険です。

数字は使う側の立場と、受けとる側の観察力によって持っている意味が大きく変わってきます。

◆あやしい情報でも説得力を感じさせる心理効果

残る2つのテクニックは**「理由付け」❹**と**「権威付け」❺**です。

理由付けは文字通り、提案に理由を付けるというだけのこと。多くの人が無意識に使っているテクニックですが、心理学者のエレン・ランガーによってその効果はしっかりと立証されています。

実験はオフィスのコピー機が混み合っているというシチュエーションで行われました。後から来た人が順番に割り込んで、先にコピー機を使いたいとお願いする際、「〇時〇分まで資料を仕上げなければならないので」「5分後の会議に必要だから」など、「これこれこういう理由で」と理由付けをすると、譲ってもらえる確率が上がります。

なぜかと言うと、人の脳は「なので」「だから」という接続詞に強く反応するようにできているからです。これは後述しますが、脳は経験を積むほど、処理を単純にしていこうとし、バイアスと呼ばれる短縮経路を発達させます。

その結果、「なので」「だから」という理由付けに使われる接続詞を聞いただけで、理由そのものの内容いかんにかかわらず、相手を手助けしたほうがいいと判断するのです。

このシーンでは、アンケート調査の結果と雑誌で注目されたことが理由付けとなり、

「ですから成功の確率は高いと考えています」とまとめられています。これだけで主人公は、提示されたプランが眉唾《まゆつば》ものではないと信じてしまうのです。

ちなみに、こうした理由付けはビジネスシーンだけでなく、日常のあらゆる場面で使われています。もし、あなたがこのテクニックにダマされたくないと思うなら、相手の挙げてくるいくつもの理由にきちんと耳を傾け、メモをとるなどして、いったん整理してみることです。

その結果、理由と理由と理由の間に矛盾点などがあれば、相手は理由付けだけでその場を乗り切ろうとしているということです。とくに会話のなかで、立て続けに「なので」「だから」を連発する相手には注意が必要です。

最後に「権威付け」ですが、これもまた日常的に接することの多いテクニックです。むしろ、説得力を行使したいとき、必ず使われていると言ってもいいでしょう。

テレビのニュースに対してコメントする人は、必ず「○○大学の○○教授」や「○○専門家」であり、「○○賞を受賞した○○さん」で、人気商品を紹介する際には、「○○で人気ナンバー1」や「モンドセレクション金賞受賞」、「○○協会認定」などと紹介されます。

すると、聞き手は「そうか」「すごいのかも」という印象を受けてしまう。このケースでも、「専門誌である○○誌の調査では人気ナンバー1になりました」という形で権威付けが使われています。

そして、ここでも3つのプランを提示する**「ゴルディロックス効果」**が登場。当然、もっとも見積額の高いプラン、安いプラン、本命のプランという順で提案されています。

◆ちょっと英語ができるだけで仕事ができると思うワケ

商談が重要な局面を迎えたところで部長に電話が入ります。こうした状況では電話に出ないのがマナーだと考えられていますが、部長は「失礼」と断ったうえで話し始めます。

主人公も一瞬はムッとしたはずです。ところが、その後に続いた流暢な英語での会話によって、部長に対するイメージが一変します。

意外に思ったあなたは、電話が終わったタイミングで「英語、お上手なんですね！」と感想を伝えると、「いやー、学生時代、留学していましてねー」と笑みを浮かべるB部長。意外な一面によって、豪快な笑いのムードメーカーという印象が、仕事のできるムードメーカーに変わっていきました。

これは**「ハロー効果」**❻と呼ばれる心理効果です。

簡単な例で言うと、「メガネをかけている人は知的に見える」というのもハロー効果の1つ。人は、相手の目立った表面上の特長に引っ張られ、好印象を抱いてしまう傾向があります。

たとえば、テレビCMに好感度の高い女性タレントを起用することで、その商品を使っていない人にも清潔感や爽やかさを植え付けることができます。

また、「東京大学出身です」と聞けば、その高学歴に引っ張られ、その人が学歴だけでなく、仕事の能力や人格的にも優れていると思い込んでしまう。あるいは、病院で白衣を着た人から「医師です」と名乗られるだけで、本当に医師かどうか確かめずに信じてしまう。

実際、何年かに一度、医師免許を持たずに医療行為を行うニセ医師のニュースを目にするのは、ハロー効果がいかに人の心に強く働きかけるかを証明しているのではないでしょうか。


このシーンでは、切れ者というイメージではなかった部長の流暢な英語がハロー効果となり、主人公の心を動かしてしまいます。しかも、部長がアピールしたわけではなく、主人公が聞き出したぶん、学生時代の留学経験という理由付けも効いています。

というのも、人は自分が驚いたこと、自分が確かめたことに価値を見出し、正当化する傾向があるからです。結果的に、商談そのものと関係がないはずの部長の英語力が提案されたプランの信用度を上げています。

仮にこの商談中の電話でのやりとりが部長によって仕組まれたものだとしたら、主人公はまんまと策にはまった形です。

◆おじぎの角度で相手の本心を読む

完全に商談のペースを取引先の若手と部長に握られてしまった主人公は、上司の許可を得ていたこともあり、この場で仮契約を結びます。

「**先方のつくった仮契約書にはサインを記入すべき場所が多く、少々手間どったものの、**いい条件で商談がまとまったことに安堵したあなた」

仮契約書に記入すべき点が多いのも心理的なテクニックの1つです。人は自分で書き込めば書き込むほど、内容について信じていきます。実際、名前を書く回数の多い契約書ほど、クーリングオフ率が下がっていくという実証データも。このシーンでも主人公がペンを走らせるたび、取引先のコンビは契約を勝ちとったという思いを強くしていたことでしょう。

それは、締めくくりに漏《も》れてしまった部長の態度に表れています。

少しだけ気がかりなのは、ブースを出ていくB部長のおじぎが浅く、そそくさとしていたことでした……。

主人公はミーティングブースを出ていく部長の様子に多少の違和感を覚えます。この気づきは、重要です。というのも、おじぎの角度によって、相手がこちらをどれだけ重要に思っているかがわかるからです。

ビジネスシーンではビジネスマナーとしておじぎの角度まで研修が行われます。しかし、本当に恩義を感じている相手には、人は腰を折り、深々と頭を下げるもの。これはマナー云々ではなく、心の動きがそのまま動作に出るからです。

逆にある程度のマナーが身についていれば、TPOに合わせたおじぎができるもの。では、このシーンで如才《じょさい》なさそうな部長のおじぎが浅くぎこちないものになってしまったのは、どうしてでしょう？

これは商談がうまくいったという油断の表れです。事前の作戦通りに事が運び、自分たちにとって有利な内容で仮契約にこぎつけた。普段通りの心理状態ならば、当り障りのない角度のおじぎをしたはずです。ところが、仮契約を持って早くこの場を去りたいという焦りと本音が、おじぎの角度を浅くさせてしまったのです。

こうした心の動きと動作の連動はなかなかコントロールできるものではなく、たとえば、何人かが集まる場で挨拶をするとき、AさんがBさんには深く頭を下げ、Cさんにはペコリというおじぎで済ませていたら、どちらを重視しているか一目瞭然。意識して同じ角度にしようとしても、本音が漏れてしまうのです。

みんなに好かれる同僚編

「今日の飲みも楽しかったね。ありがとう。またやろう！」

課長主催の飲み会を終え、終電間際の電車に乗り込んだ途端、あなたのスマホにLINEのメッセージが届きました。送ってきたのは、同期のD。飲み屋の前で別れてから10分もたっていません。

同期のDは、あなたから見てそれほど仕事ができるわけでも、営業成績が優秀なわけでもない同僚です。こんなところばっかりマメなヤツだなと呆れつつも、悪い気はしません。

ところが、彼は社内でも、社外でも一目置かれ、若手の異動を左右する人事部長もDのファンだというウワサ。しかも、同期のほとんどがそんなDに嫉妬するわけでもなく、認めています。

いったい何が自分と違うのか。同期入社の仲間のなかで、何かと気になる存在です。

翌朝、「上司と飲んだ次の朝こそ、早く出社しろ」というビジネス書の教えに従い、いつもより早めに出社したあなた。少し遅れて出社してきた課長からも「お、早いな」と言われ、小さなポイントを重ねたと気をよくしていました。

一方、Dは定時ギリギリのタイミングで出社。遅刻をなんとか回避した高校生のように、「いやー危なかった」を連呼しつつ、自席につくと、隣の先輩になにやら話しかけています。

「おはようございます。昨日、課長から聞いた喫茶店のモーニングあったじゃないですか」

「うまいっていうあの店?」

「そう。うまいっていうあの店、です。課長の絶賛ぶりが気になっちゃって仕方なかったので今朝行ってきたんですよ」

Dと先輩の会話が聞こえたのか、課長も自席を離れて加わります。

「D、もう行ってきたのか。早いな」

「あ、課長、おはようございます。あの店、味も量もたしかに絶品ですね。また、店内の雰囲気もよくて、ついのんびりしていたら、遅刻ギリギリになっちゃいました。以後、気をつけます」

「まあ、間に合ったからいいだろ。早く準備して、仕事しろよ」

その日の午後、あなたは初めて顔を出す、とある取引先の部長を訪ねました。

「はじめまして、〇〇商事の××です」

「キミが××くんか。ウワサはDくんに聞いているよ」

どんなウワサを？　と不安になっていると……。

「丁寧な仕事ぶりで信頼できる同僚ですと言っていたよ」

帰社後、確認すると、以前、この取引先を担当していたDは、あなたが引き継ぐと知って部長に話していてくれたそうです。

「あの部長さん、ちょっと強面《こわもて》で気難しそうに見えるけど誠実な人だから、きちんと対応していると認めてくれるし、かわいがってもらえるよ」

話していて、あなたはDがその場にいない人のことでも、必ず褒《ほ》めていることに気づきました。

また、数日後のこと。

あなたが営業先から帰社すると、エレベーターホールでDが社長に話しかけているのを目撃しました。二言三言、言葉を交わしただけのようですが、親しげな雰囲気だったのは確か。驚いたあなたは、Dを呼び止めました。

「ちょっと、おまえ、社長と直で話しているの?」

「話しているって言っても、挨拶程度だよ。前に社内報で社長がオフに甘味処《かんみどころ》めぐりをしているって話を書いていたから、いつだったかおすすめの店を聞いてみたんだ」

「勇気あるな」

「あんまり若手に話しかけられることがないみたいで、喜んでくれたよ」

「今は?」

「今日の営業先の近くに、総務のEさんが絶賛していた豆大福屋さんがあったから、おみやげに1個ずつ買ってきたのを渡しただけ。社長、喜んでいたよ。けっこうかわいいよね」

「かわいいって……。で、総務のEさんって、あの怖そうなお局《つぼね》の？」
「これまた和菓子好きなんだよ」

あなたから見ると、時間の無駄のように思えるものの、こんな調子でちょこちょこと他部署に顔を出しているD。彼は若手ながら社内で知られた存在になっています。その努力が無駄じゃないと感じさせられたのが、他部署から代表者の集まる大掛かりな社内会議の席でした。議案の数も多く、気詰まりな雰囲気になったとき、Dがすっと手を挙げました。

「何か、空気悪いですね。僕、ちょっとコーヒーを入れなおしてきますから、いったん、小休憩を入れませんか？」

一瞬、ピリッと緊張感が高まったものの、他部署の人たちも「Dが言うなら」という雰囲気になり、コーヒーブレイクに。その間に場の雰囲気が和み、再開後の会議はスムーズに運びました。

あなたは、「もしかするとDは大物なのかもしれない……」と認識を新たにしたのでありました。

◆相手の脳に好印象をすり込む仕掛け

このエピソードに登場する同期のDさん。かなりのメンタリズムの使い手です。主人公からすると、「どうしてそこまでやるんだろう?」と感じる言動の1つ1つにしっかりと意味があります。

だからこそ、仕事の成果は平均的でも、周囲からは同期のなかでもっとも高い評価を得ているのです。そのメカニズムがわからない同期からすると、まさにダマされているようなもの。では、その手法を順番に追っていきましょう。

まずは冒頭のこのシーンです。

「今日の飲みも楽しかったね。ありがとう。またやろう!」

課長主催の飲み会を終え、終電間際の電車に乗り込んだ途端、あなたのスマホにLINEのメッセージが届きました。送ってきたのは、同期のD。**飲み屋の前で別れてから10分もたっていません。**

飲み会の後に送る、手短な感謝のメッセージ。盛り上がった会のとき、楽しかったとき、気になる相手がいたとき、ありがとうのメッセージを送る人もよくいます。もちろん、送らない人よりも送る人のほうが、相手に好印象を残すことは間違いありません。

ただし、メッセージを送る派の大半の人が知らないまま損しているポイントがあります。それは、時間です。

ドイツの心理学者ヘルマン・エビングハウスは、人間の記憶が20分間で58％まで失われると指摘。時間の経過と記憶が失われていく関係性を**「エビングハウスの忘却曲線」**❼に表しました。

それによれば人の記憶は、聞いた直後を１００％として、20分後には一気に58％へ。じつに42％を忘れてしまうのです。そして、その後も時間の経過とともに緩やかなカーブを描きながら失われていきます。

だからと言って、私たちは何もかも忘れてしまうわけではありませんよね？

私たちの脳は、繰り返し見聞きしたり、体験したことは長く記憶に残すようにできています。つまり、一定のタイミングで改めて印象付けていくことが大切。そして、その繰り返しのタイミングについて研究したのが、教育心理学者のP・ラッセルです。ラッセルによると、20分に近い段階で復習することで記憶が再び新鮮なものとなり、忘却曲線の落ち込み方が緩やかになります。次に1日後、1週間後、1カ月後というタイミングで繰り返し印象付けを行うと、最終的に記憶の落ち込みはほとんどなくなるというのです。

この繰り返しのタイミングをラッセルは**「復習曲線」**❽として、まとめています。そして、記憶に関するこの2つの曲線は、相手に与える印象に応用可能です。

このエピソードでDさんは店を出て10分ほどで、メッセージを送っています。仮にこの日が初対面の人が同じことをされたら、Dさんから感じていた好印象がここで強化されるわけです。実際、このシーンでは同期である主人公が、Dさんに対して持っていた「マメなヤツ」という印象を深めています。

Dさんを含め、周りから信頼されている人の多くがマメにメールやメッセージを送るタイプなのは、偶然の共通点ではありません。

彼らが意識しているかどうかはともかく、結果的に忘却曲線と復習曲線のタイミングを見計らって連絡をとっている。好印象が新鮮なうちにメッセージを送ることで、相手の記憶に強く印象付けることに成功しているのです。

◆親近感はシンプルな話術でつくり出せる

続く、翌朝の何気ない雑談のシーンにもDさんを人気者にさせているヒントが隠されています。それが「バックトラッキング」❾というテクニックです。


「おはようございます。昨日、課長から聞いた喫茶店のモーニングあったじゃないですか」

「うまいっていうあの店？」

「そう。うまいっていうあの店、です。課長の絶賛ぶりが気になっちゃって仕方なかったので今朝行ってきたんですよ」

このバックトラッキングは言葉を同調させ、相手の潜在意識のなかに「ラポール」と呼ばれる親密な感覚をつくり出すテクニックです。やり方は非常にシンプル。オウム返しのように相手が言ったことをそのまま言葉で言い返すだけ。心掛ければ誰でもすぐに使えるようになります。

このシーンで言えば、先輩の**「うまいっていうあの店?」**に対して、**「そう。うまいっていうあの店、です」**と返すやりとりがバックトラッキングです。

「この間の休み、初めてヨガ教室に行ってみたんだけど」
「そうなんだ。この間の休みにヨガ教室へ行ったんだ」
「ランチから会社に戻るとき、かわいい猫がいてさ」
「ランチから戻ってくるとき、かわいい猫がいたんですか」

とこんな感じで、「ヨガ教室どうだった?」「猫好きなんですか?」といった質問の前に、相手の会話を繰り返すことで親近感をつくり出せるだけでなく、「あなたの言ったことをちゃんと聞いています」「受け止めました」と伝える効果も得られます。
人は誰しも自分の話をきちんと聞いてくれる相手に好感を覚えるもの。バックトラッキングを使いこなせるようになると、その手軽さからは想像がつかないほど、相手へのあなたの印象を高めてくれます。

続いて、Dと先輩の会話を聞きつけた課長が登場。

「D、もう行ってきたのか。早いな」
「あ、課長、おはようございます。あの店、味も量もたしかに絶品ですね。また、店内の雰囲気もよくて、ついのんびりしていたら、遅刻ギリギリになっちゃいました。以後、気をつけます」
「まあ、間に合ったからいいだろ。早く準備して、仕事しろよ」

相手が「これはいい」と言ったことをすぐに実行すると、それはお互いにとっての強い共通点に変わります。そして、共通点はラポールを深め、相手との関係性はビジネス上の付き合い以上のものへと変化していくのです。

当然、このシーンでも課長はDが遅刻ギリギリだったことをたしなめることもなく、機嫌よく自席に戻っていきました。

相手が自分のオススメに従って行動してくれることは、本人の承認欲求を満たします。しかも、その体験を第三者に対して、楽しそうに語っているのを耳にすれば、その効果はさらに増大。直接、課長に報告するのではなく、先輩との会話を聞かせるというDの作戦は、見事なものです。

◆

なぜか好かれる人が必ずしていることとは？

場面は変わり、今度は主人公が引き継いだばかりの営業先でDのテクニックを体感することになります。


「はじめまして、○○商事の××です」

「キミが××くんか。ウワサはDくんに聞いているよ」

どんなウワサを？　と不安になっていると……。
「丁寧な仕事ぶりで信頼できる同僚ですと言っていたよ」

ここで使われているのは、**「ウィンザー効果」❿**です。人は、耳にした情報に対して、本人や当人から直接聞かされるよりも、第三者を介した「聞いた話」として知るほうが、より信憑性《しんぴょうせい》を感じて信じる傾向があります。

ウィンザー効果とは、こうした心の動きを心理学的に解説したもの。その働きは、マーケティングの世界で言う「クチコミ効果」と同じです。このシーンで、取引先の部長はDから主人公のことを「信頼できる同僚」と聞かされています。この言葉の影響力は大きく、初対面の時点で部長は主人公に対して好印象を抱いた状態になっています。

なぜ、そういった心理効果が生じるかと言うと、第三者を介した情報には想像の余地があるからです。

クチコミで話題となっている店であれば、「この店をみんなが話題にしている理由があるはずだ」「信頼できる◯◯さんも、いいと言っていたけど、どのくらいすばらしいんだろう」と。情報が広まっていく過程を想像することで、期待値が上がっていきます。

そして、Dがウィンザー効果の力をよく知っていることは、続くシーンのこの言葉からも明らかです。

「あの部長さん、ちょっと強面で気難しそうに見えるけど誠実な人だから、きちんと対応していると認めてくれるし、かわいがってもらえるよ」

一見、主人公へのアドバイスのように見えますが……。今度は主人公がこの話を取引先の部長に伝えた途端、間接的にDの評価が高まるという仕組みです。ここは「ありがたいアドバイスをもらった」と心に留めつつ、Dの手法を見習って取引先の部長との関係を深めていくのが主人公のためになる選択でしょう。

◆プレゼントは安くて些細なモノのほうがいいワケ

エピソードの後半に入ると、Dが会社のボスである社長ともつながりをつくっていることが見えてきます。そこで使われているのは、前章でも紹介した「会えば会うほど親しみが増していく」という**「単純接触効果」**と、「親切にされるとお返しをしたくなる」という**「返報性の法則」**です。

あなたが営業先から帰社すると、エレベーターホールでDが社長に話しかけているのを目撃しました。二言三言、言葉を交わしただけのようですが、親しげな雰囲気だったのは確か。

私自身、企業での研修やコンサルティングを通じて、経営者の方々と交流していますが、意外なほど彼らは忙しそうに見えません。本当は分刻みのスケジュールをこなしている日でも、リラックスしている。それは人を束ね上に立つ人たちは、社員の数倍から数十倍の処理能力を持っているからです。

総じて能力が高いから忙しいスケジュールを難なくこなすことができ、スキマ時間をつくっては自由に動いています。

ですから、社長とコンタクトをとり、単純接触回数を増やしていくのはさほど難しいことではありません。


ただし、頼み方にはコツがあります。基本的には忙しい人たちですから、時間を短く区切ること。たとえば、「社長、2分だけ時間をいただけませんか?」と時間を区切った状態で、立ち話をする。それこそ、エレベーターに乗り合わせたときに自己紹介をする。予《あらかじ》め社長のスケジュールを調べておけば、そういう短時間の接触回数を増やすことができます。

そうやって親密度を上げつつ、このケースのように社長の趣味の話などで関係を深めていき、返報性の法則も絡めていく。重要なのはギブにギブを重ねることです。

プレゼントは意外なものや高価なものである必要はありません。理由付けが大切で、このケースで言えば、社長自らが社内報で明かした和菓子好きという趣味に関連した情報や和菓子そのものが最適。理由がはっきりしているので、受けとる側ももらいやすく、また素直に好意を受け止めることができます。

もし、あなたが部署のなかで有利な立場になりたいのだったら、残業続きの部下に栄養ドリンクを買ってプレゼントする。疲れ気味の女性社員に「甘いものでも」とドライフルーツを持っていく。そんなささやかな差し入れでも、理由付けのあるプレゼントであれば確実に相手の心に刺さり、返報性の法則が働き始めます。

逆に高級なものやめずらしいものは贈るものとしての意味が重く、素直に受けとりにくいもの。大阪のおばちゃんが「飴ちゃん」を持ち歩き、ちょっとした親切に対して配り歩くように、さっと受けとれるものを渡すほうが効果的。

小さな好意が上積みされることで、まるでドラマや映画の登場人物のように、トップとコネクションを持った平社員といったポジションを築くことも可能になります。

◆人たらしはわざと空気を読まない行動をする

このエピソードの最後には会議のシーンが登場します。

議論が煮詰まり、誰もが意見を述べたがらない重苦しい空気の会議室。ビジネスマンであれば、このいたたまれない雰囲気から逃れるため、誰かが「この案件は次回の宿題に」と言い出す瞬間を経験したことがあるのではないでしょうか。

しかし、そんな状況でDは空気を入れ替えるような働きかけ方を見せます。

「何か、空気悪いですね。僕、ちょっとコーヒーを入れなおしてきますから、いったん、小休憩を入れませんか？」

場が行き詰まったとき、それをスムーズに打ち破ることができるのはユーモアだけです。ここでは全員が感じている重苦しさに対して、はっきりと「空気悪いですね」と言ってしまう。それだけでピリピリした雰囲気に楔《くさび》を打ち込むことができます。

ところが、ほとんどの人は空気を読んでしまい、沈黙を守る側に立ちます。だからこそ、ユーモアあふれる働きかけができる人は、勇気がある人だ、楽しい人だ、空気をつくれる人だと一目置かれるようになるのです。

❶ **「パワー・タイ」**

色彩には人の心に働きかける力がある。赤はやる気や熱意を示し、見る人の記憶にも残りやすい色。赤のネクタイはパワー・タイと呼ばれ、重要な商談やプレゼン時に着用するといいとされる。

対処法▼赤のネクタイは、相手が何か決めにかかっているサイン。慎重に対処すること。

❷ **「ピーク・エンド・セオリー」**

人間は感情のピークとエンドに差し掛かった出来事に強い影響を受け、深く記憶に刻み込む。

対処法▼感情を揺さぶられるような非日常的な体験の後に、物事を判断しないよう心がける。

❸ **「%を利用した数字のトリック」**

数字には物事を具体的にし、わかりやすくする力がある。しかも、その数字にパーセンテージを加えることで、説得力は強化される。

対処法▼パーセンテージを導き出している根拠の数字、調査方法をチェックする。

❹ **「理由付け」**

人の脳は「なので」「だから」という接続詞に強く反応するようにできている。その結果、「なので」「だから」という理由付けに使われる接続詞を聞いただけで、理由そのものの内容いかんにかかわらず、相手を手助けしたほうがいいと判断してしまう。

対処法▼紙に書き出し、比較するなどして、理由の正当性について検証する。

❺ **「権威付け」**

人を信用させたいとき、肩書きや第三者からの評価といった付加情報を付ける手法。

対処法▼その権威が信じるに足るものかどうかを調べること。

❻「ハロー効果」
一流大学の卒業生は、人格も一流など、人は相手の目立った表面上の特長に引っ張られ、好印象を抱いてしまう傾向がある。

対処法▼相手のもっとも目立つ特長について、「もし、その特長がなくても付き合っているか？」と想像する。

❼「エビングハウスの忘却曲線」
ドイツの心理学者ヘルマン・エビングハウスは、人間の記憶が20分間で58％まで失われると指摘。時間の経過と記憶は急速に失われていく。

対処法▼復習曲線を駆使することで、忘れていく記憶を強化することが可能。

❽「復習曲線」
教育心理学者のP・ラッヤルは、20分に近い段階で復習することで記憶が再び新鮮なものとなると定義。さらに、1日後、1週間後、1カ月後というタイミングで繰り返し印象付けを行うと、最終的に記憶の落ち込みはほとんどなくなるという。

❾「バックトラッキング」
オウム返しのように相手が言ったことをそのまま言葉で言い返すだけで、相手の潜在意識のなかにラポールと呼ばれる親密な感覚をつくり出すテクニック。

対処法▼会話のなかに繰り返しが多すぎないかどうか気を配る。

❿「ウィンザー効果」
人は、自分が耳にした情報に対して、本人や当人から直接聞かされるよりも、第三者を介した「聞いた話」として知るほうが、より信憑性を感じて信じる傾向にある。

対処法▼ウワサ話に影響されて行動するときは、必ず自分で裏をとること。

SCENE 3
男女関係

いいコのフリした悪女の手口

清楚ないいコ編

日曜日の遅めの朝、テレビの情報番組を眺めながらベッドでごろごろしていたあなたのスマホにメールが届きました。

「Gさん、今日は何をしていますかー？」

（お!!　Fちゃんから久々の連絡キタ――!）

Fちゃんは、取引先でアルバイト中の5つ年下の大学生。あるプロジェクトの打ち上げの席で知り合ってから、何度かランチをした仲です。

「ヒマでどうしようかなーと思っていたとこ。前にFちゃんが行ってみたいって言っていたカフェにランチでも行く？」

「あのカフェの話、覚えていてくれたんですかー。うれしー(#^.^#)　行きます、行きます！」

（ふふ、喜んでる、喜んでる。相手の好きなことを調べておいて、心に響くキーワードとして使う。心理学に基づいたモテメール術炸裂だな……）

スマホの画面に映る自分の顔がにやけているのに気づいたあなた。両手で頬をパチンと叩き、身支度を始めます。

「今日はキメたるぜ！　待ってろ、Fちゃん」

あれでもない、これでもないと服のコーディネートに時間をかけてしまったあなたは、待ち合わせ場所に少し遅れて到着しました。そこには風になびいてしまう黒髪を押さえ、あなたを待っているFちゃんの姿が。

（あの白いワンピース似合っているなぁー。そして、仲間内にはいない物腰の柔らかさ。今日もお嬢様っぽいぜ、Fちゃん！）

「ごめん！　ごめんー　待たせちゃったね」

「すごい待ちましたよ」

じっとあなたを見つめるFちゃん。

「うわ、ホントごめんね……」

「ウソです（笑）。わたしもいま来たところですから大丈夫ですよ」

（くぅー、この笑顔。かわいいぜ、Fちゃん！）


並んで歩き出すと、Fちゃんの首元でネックレスの◯◯がキラキラ。

「あれ、そのネックレスって、この間の？」

「そう。Gさんにもらったネックレスですよ。友だちからも〝かわいい〟って褒められて、すごく気に入っています。本当にありがとうございました」

「本当に似合っているね。プレゼントしがいがあったなー」

（友だちからも好評って、かなりポイント高くない!?　ナイス選択眼、俺）


気分よくしたあなたは、目的のカフェに向かってすたすた。すると、2、3歩遅れていたFちゃんが急に手をつないできました。

「Gさん、歩くの早いですよ」

「あ、ごめん」

「少しだけ、そこのお店、見てもいいですか？」

「いいよ、いいよ」

セレクトショップのショーウィンドウを覗《のぞ》きこむ、Fちゃん。

「あ、◯◯の新作、もうお店に出てるんだ。いいなーかわいいなー」

「たしかに、いいデザインのバッグだね」

「Gさんもそう思います？　うれしい」

Fちゃんは、つないでいたあなたの手をぎゅっと握りました。思わず、ネックレスをプレゼントした日のFちゃんの驚いた顔を思い浮かべたあなた。

「買ってあげようか？」

「そんなダメですよ。ランチ行きましょう！」


「最近、自分が何をしたいのかわからなくなってきちゃいました……」

カフェでの遅めのランチ中、就職活動の悩みを打ち明け始めたFちゃん。あなたは社会人の先輩として、せっせと就活のアドバイスをしました。

（アドバイスをするときは自分語りをしない。相手の悩みに寄り添い、聞くだけでいい。頼れる男

は聞き上手なんだぜ、Fちゃん）

「今はたぶん、目の前のことでいっぱいいっぱいだと思うけど、3年後、5年後の自分を想像して動いたほうがいいと思うよ。僕自身、少し後悔しているから……」

「そんなことないですよ。Gさんはすごくしっかりしていると思います。こうやって安心して相談もできるし、本当にありがとうございます。今日もGさんにたくさん話を聞いてもらって、なんだか考えがまとまってきた感じがします」

（これは好感度アップしたのでは……！）

カフェを出た後、再びセレクトショップの前を通りかかった2人。あなたはFちゃんを元気づけようとさっきのバッグをプレゼントします。遠慮しながらも笑顔で受けとったFちゃんに、ここが勝負とばかりに意気込むあなた。

「それで、Fちゃん。この後なんだけど……」

「あ、Gさん、今、何時ですか？」

「17時半だけど」

「うわ、大変！　楽しくって時間、忘れてました。この後、母と舞台を見に行く約束をしているんです。急がなくちゃ。ごめんなさい。ここで、失礼しますね。今日はありがとうございました！　また連絡しますねー」

（お、おぅ……!?）

ちょうど走ってきた空車のタクシーを止めると、嵐のように去っていくFちゃん。

あなたはやや引きつった笑顔で見送るしかありませんでした。

（なんだ？　この虚しさ……）

と、そこへあなたのスマホに届くFちゃんからのメール。

「Gさん、今日は本当にありがとうございました。最後はバタバタしちゃって、ごめんなさいヨ(__)ヨ　今度はわたしがGさんのお話をたくさん聞きたいので、ゆっくり晩ゴハン行きましょー!!」

（これは次だな、次！　次こそだ！　待ってろ、Fちゃん！）

◆うまくデートに誘えたように見えて…

年下の大学生の気を引こうといろいろ仕掛けながらも、じつはうまくあしらわれているように見える社会人のエピソード。果たして、Fちゃんの見せた言動は天真爛漫《てんしんらんまん》さによるものなのか、グレーなメンタリズム的な意図のある誘導なのか。じっくり検証していきましょう。

まずは冒頭のこのシーンから。

「Gさん、今日は何をしていますかー?」
(お!! Fちゃんから久々の連絡キター!)

メールをやりとりする頻度を下げて、相手のなかでの自分の存在感を高めていくというのは、好意が向いている場合には非常に有効なテクニックです。1日に複数回メールをやりとりしていた時期があるほど効果は高まり、相手に「どうかしたんだろうか?」「何かしくじっただろうか?」と思わせ、1章で紹介した**「混乱法」**と同じような作用があります。

ベタな恋のテクニックのように思われるかもしれませんが、好意を育む時間が引き伸ばされるぶん、相手はこちらの暗示や誘導に乗りやすくなっていくのです。それはまさに、相手を迷わせてから、判断を手助けする混乱法そのもの。人は判断に迷う状況に身を置くと考えるのが面倒になり、差し出された答えに賛同しやすくなります。

このシーンでは、当日の誘いにもかかわらず、主人公の社会人Gはあっさりと大学生のFちゃんの誘いに食いついてしまいます。ここでは休日のヒマな午前中という設定ですが、もし、Gが慌ただしいスケジュールのまっただ中であったとしても好意が膨らんでいる以上、時間をやりくりして駆け付けたはずです。

そして、メールの返信でGは大学生のFちゃんが以前、行きたいと話していたカフェの話題を持ち出し、遅めのランチに誘います。

「ヒマでどうしようかなーと思っていたとこ。前にFちゃんが行ってみたいって言っていたカフェにランチでも行く？」

「あのカフェの話、覚えていてくれたんですかー。うれしー(#^.^#)　行きます、行きます！」

返事はイエス。しかも、うれしい絵文字付きの好感触です。

ここでGは、相手が興味を持っている話題を文章のなかに盛り込むという心理テクニックを駆使しています。しかも、過去にFちゃんから聞いた話を覚えていたわけですから、好感度の高いメールだと言えるでしょう。

ここまでのところ、久しぶりに舞い込んだ彼女からのメールをチャンスに、一見、Gが自分のペースで遅めのランチデートにこぎつけたように見えますが……。

◆アイコンタクトであなたの心は奪われる

しかし、待ち合わせの場所で立場が逆転します。理由はシンプル。Fちゃんが先に到着し、Gが遅れてしまったからです。これは誰もが経験していると思いますが、待ち合わせにちょっとでも遅れてしまうと、なんとなく気後れしてしまい、話をするにしても自分のペースで進められなくなります。

逆に1分でも早く着き、相手を待っていると心理的な余裕が生じて、相手に対して優越感を持つことができます。一方、遅れてしまった側は焦って早足になり、心拍数が上昇。汗をかき、呼吸が乱れるなど、身体的にも不利な状態で相手と対面することとなります。

「すごい待ちましたよ」

じっとあなたを見つめるFちゃん。

「うわ、ホントごめんね……」

「ウソです（笑）。わたしもいま来たところですから大丈夫ですよ」

このシーンで待ち合わせ場所に先に来ていたFちゃんは、「すごい待ちましたよ」と言いながら、Gをじっと見つめます。

これは意図的に**「アイコンタクト」❶**を長くするというテクニック。人はひと目惚れすると5〜7秒、目を合わせてしまうと言われています。これは裏を返せば、5〜7秒間、目を合わせ続けることで相手にひと目惚れと同じ感覚を植え付けられるということでもあります。

なぜなら、人の脳は行動から感情が生まれたのか、感情から行動が生まれたのかを判別できないからです。つまり、見つめたから好きになったのか、好きだから見つめたのかも区別できない。この特質を利用してのアイコンタクトによって、Gは自分のなかでFちゃんへの好意がさらに高まっていると感じたはずです。

と、同時に待ち合わせに遅れるという自分の失敗を反省もしたことでしょう。ところが、そんなGの心の動きを知ってか、知らずか、Fちゃんは「ウソです」と言い放ち、笑顔を見せます。

これでGは完全にノックアウト。Fちゃんは目線と笑顔という非言語のコミュニケーションを使って、その場の主導権を掌握《しょうあく》しました。

これはビジネスシーンでも同様です。相手と自分のどちらがその場の主導権を握っているかが、その後の展開に大きな影響をもたらします。会った時点で「この場の主導権はこちらにある」ことを相手に感じとらせることができれば、デートも交渉事も優位に進めていくことができるのです。

ちなみに、アイコンタクトについては男女によって、こんな違いもあります。

男性は「目を合わせて話すこと＝本当のことを言っている」と考えがちで、自分でも目を合わせて話しているときはウソをつけません。一方、女性は目を合わせながらでも、ウソが言えます。

つまり、男性が話しながら何度も目線を外すときは、ウソや隠し事がある証拠。女性が男性のウソに敏感なのは、じっと目を見て話すだけで相手が勝手にボロを出すからです。

◆あなたも承認欲求で操られているかもしれない

並んで歩き出した2人。Gは、Fちゃんが以前、買ってあげたネックレスをしてくれているのに気づきます。気づいた以上、黙っていることのできないGは、「あれ、そのネックレスって、この間の?」と聞いてしまうわけですが、これは褒められたい、認められたいという欲求の表れ。そんなGの感情に合わせるかように、Fちゃんはこんなふうに答えます

「そう。Gさんにもらったネックレスですよ。友だちからも〝かわいい〟って褒められて、すごく気に入っています。本当にありがとうございました」

メンタリズム的にほぼ満点回答と言える返答ですが、ポイントは「すごく気に入っています」「ありがとうございました」だけでもうれしいところに、「友だちからも褒められる」というエピソードまで盛り込まれているところ。

このひと言があるだけで、本人だけじゃなく、友だちの女の子にも褒められたのか……と、Gの求めていた「褒められたい、認められたい」という**「承認欲求」❷**は見事に満たされていきます。

この承認欲求は、食欲や睡眠欲と同じくらい人にとって基本的な欲求です。人から認められたい、褒められたいからこそ、努力することができるとも言えます。しか

し、「この人は自分を認めてくれる、褒めてくれる」という喜びが強くなりすぎると、あなたに対する相手の影響力も高まっていきます。

その結果、相手に依存してしまう、信じきってダマされてしまうといった事態にもなりかねません。いわゆる悪女にダマされてしまう男性の多くは、この承認欲求をうまく刺激され、コントロールされています。


たとえば、家庭があるのにホステスさんに入れ込み、貢《みつ》がされてしまったという人に共通している、相手が最初にしてくれるある行動があります。どんな行動か、少し考えてみてください。ヒントとして言えるのは、非常にありふれたことで、何か特別な体験をさせてもらったわけではないということです。

答えは、「自分の話を聞いてもらった」という体験です。

いわゆる悪女のみなさんは経験的に、承認欲求を満たすことの意味を把握しています。そこで、家庭を持っている男性には、「奥さん、おきれいなのにこんなところに来ちゃって」「お子さんはいらっしゃるんですか?」など、あえて家庭の話題を振っていくのです。そして、会話のなかから家庭内で満たされていない承認欲求に関連する話を聞き出します。

男性が、趣味のゴルフのことを話すと奥さんが嫌な顔をすると愚痴《ぐち》り始めたとしたら、「私も最近、ゴルフ始めたんです。いろいろ教えてください」と合わせればイチコロ。男性は必ず乗ってきて、語り始めることでしょう。

あとは聞き役に徹していれば、男性は承認欲求が満たされた感覚を持ち、日頃、誰にも打ち明けられなかった悩みを語り出し、聞いてくれた、認めてくれた、受け止めてくれたと感謝してしまうわけです。

彼女たちは、相手の心に何が足りていないかをよく知っています。

もちろん、このシーンはそこまではありませんが、少なくともGはFちゃんの言葉で有頂天になり、とてもいい気分で足取り軽くカフェに向かうことになります。

◆高いプレゼントを買ってあげたくなる心のスイッチの押し方

その直後に通りかかったセレクトショップ。Fちゃんは、ショーウィンドウの向こうにある新作のバッグに興味を示します。そして、こんな行動に出ました。

Fちゃんは、つないでいたあなたの手をぎゅっと握りました。思わず、ネックレスをプレゼントした日のFちゃんの驚いた顔を思い浮かべたあなた。

手をぎゅっと握られたことで、Fちゃんへの過去のプレゼントシーンを思い出したG。これは**「アンカリング効果」**❸と呼ばれるもの。アンカリングとは、ある条件に基づく記憶や感情をアンカー（船の錨《いかり》のようなもの）として相手の心を動かすテクニックです。

代表的なアンカーは、「パブロフの犬」の実験における「ベルの音」。犬に餌をあげるとき、一定期間、ベルの音を鳴らしてから与え続けると、ある変化が起きます。犬はベルの音を聞いただけでよだれを流すようになるのです。

これは犬のなかで、ベルがアンカーとなり、餌を食べられるという喜びの感情を引き起こすようになったから。このシーンで言えば、Fちゃんに手をぎゅっと握られた過去の経験がアンカーとなり、Gの心にプレゼントをしたら喜んでもらえたという記憶が呼び起こされたわけです。

アンカーとなる動作は、プラスの感情と連動するものほど効果が高くなっていきます。その点、手を握られるというのは元々うれしい行為。そのうれしい行為と相手が喜んでくれたという記憶が結び付くことで、プレゼントしてあげたいなという気持ちが高まっていくわけです。

しかも、アンカーは体験が繰り返されることでどんどん強化されていきます。おねだりがうまい女性は、男性の承認欲求を刺激する方法をよく知っていて、そこにアンカーを結びつけ、アンカリングを行います。

このシーンでもそうですが、彼女たちは自分から「買って」とは言いません。必ず相手が「買ってあげようか」と言うまで待つ。それもただ待つのではなく、アンカリングなどを使って、言い出す状況をつくっていくのです。

◆「相談に乗ってくれませんか?」のひと言で操られる

結局、その場でバッグを買うことはなく、カフェでの遅めのランチを楽しみ始めた

2人。話題の中心は、本格的な就職活動を来年に控えたFちゃんの悩みです。
そして、ここで使われているのが**「自己開示の法則」❹**。人は自分に対して内面の弱い部分を見せてくれた相手に、心を開く傾向があります。その後には、自己開示の返報性が働き、自分も相手に対して心の内側や弱い部分を見せようとします。

「今はたぶん、目の前のことでいっぱいいっぱいだと思うけど、3年後、5年後の自分を想像して動いたほうがいいと思うよ。僕自身、少し後悔しているから……」
「そんなことないですよ。Gさんはすごくしっかりしていると思います。こうやって安心して相談もできるし、本当にありがとうございます。今日もGさんにたくさん話を聞いてもらって、なんだか考えがまとまってきた感じがします」

このシーンでは当初、Fちゃんが悩み相談の形で自己開示を行っているように見えますが、最終的に自分の内面の弱い部分を聞いてもらっているのはGです。途中、聞き手に徹したいい男を演出したGでしたが、結局はFちゃんから「Gさんはすごくしっかりしていると思います」と励まされています。きっと口元をほころばせていることでしょう。

普段、グループで行動しているときは勝ち気だったり強気な人。真面目だったり几帳面な人が、ふとしたとき、2人きりになってみたら、弱みや秘密、つらい過去などを打ち明けてきた。そんなシチュエーションは聞き手の相手に対する印象を大きく変え、一気に親近感を覚えさせます。

そんな自己開示の法則を使って相手をダマすのはかなり悪質な手法です。しかし、効き目という意味では、非常に有効。このシーンでは、ふんわりかわいい印象のFちゃんが就活を真剣に捉え、悩んでいたというギャップが意外性となり、Gの心に響いていたはずです。

元気づけたいと考えた彼が、カフェを出た後、バッグを買ってしまうのも仕方がないところ。なぜなら、男性は見栄やプライドに従って行動するからです。日頃、見栄を張り、プライドを大事にしているぶん、自分から弱みを見せてしまった女性にはより深く感情移入してしまいます。

◆終電で帰る女は、男を手玉にとる

今日こそ2人の仲をもう一歩も二歩も深めたいと考えたGが、プレゼントとともに自分のペースへ持ち込もうとしたところ、鮮やかに去っていったFちゃん。ここで使われているのが、**「ローボール・テクニック」**❺です。

ちなみにローボール・テクニックのローボールとは、野球の投球術で言うところの誘い玉のこと。打てやすそうなボールを投げ込み、打者を誘うわけですが、実際にはストライクゾーンを外れているため、打ってもヒットにはなりにくい。そんなニュアンスを込めてのテクニック名になっています。

「Gさん、今日は本当にありがとうございました。最後はバタバタしちゃって、ごめんなさいm(_ _)m　今度はわたしがGさんのお話をたくさん聞きたいので、ゆっくり晩ゴハン行きましょー!!」

ローボール・テクニックとは、最初に受け入れやすいような好条件の提示を行い、相手が承諾した後、不利な条件を示すという心理テクニックです。有名な心理実験としては、こんな質問と反応があります。

「簡単な心理学の実験に参加しませんか？」

この条件に対して、声をかけた大学生の54％が同意します。その直後、「開始時間は朝の7時ですが、よろしいですか？」と不利な条件が明かされましたが、参加を撤回した人はゼロだったという結果が残っています。

ところが、はじめから開始時間が朝の7時であることを告げた場合、参加を申し出た学生は24％。同じ条件でも提示の仕方によって、受け入れやすくなるということです。

このエピソードで言えば、「暇ですか？」（私は暇です。誘ってください）という好条件の提示を行い、おいしいランチ、ステキなプレゼントを通しての楽しい時間を共有したうえでの不利な条件の提示「この後、母と舞台を見に行く約束をしているんです。急がなくちゃ」（今日はここまで、さようなら）となっています。

Gの心はジェットコースターのように上下動したはずですが、悩み相談に乗ってよき理解者となっている今、強引に「帰るな」とも言えません。

加えてローボール・テクニックには、決断を下した本人は自分自身が納得しているため、相手を批難しにくいという特長があります。このシーンでは直後に「次の約束」につながるお礼のメールが入っているわけですから、「二度と会うか」という怒りにも発展しません。

この日のランチデートでFちゃんへの好意がますます高まったGは、今後も天然系？　の彼女に振り回されていくことでしょう。

元エリートサラリーマン編

金曜日の夜、あなたはやり残した仕事を持ってカフェにやってきました。パソコンを開き、エクセルを立ち上げ、コツコツ作業を開始。するとしばらくして、隣の席に20代後半の女性客が2人座り、話し始めました。

「最近、H美は彼とはどうなの?」

「うまくいってるよ。私がいないとダメな人で、この間も〝一生のお願い〟って言われたから、貯金下ろして貸してあげたら、〝俺にはおまえしかいない〟って」

「すごい!」

「でも、忙しいみたいでなかなか会えないんだよね……」

それってダマされているんじゃ……。と思い、作業が手に付かなくなってきたあなた。ところが、友人の返しは斜め上を行っていました。

「そっか。さみしいよね。だけど、彼氏さん、がんばってるんだね」

「うん。ありがとう。Ｉ子こそ、前に言っていた合コンで出会った彼はどうなったの？」

「最近、やっと付き合い始めたところ」

「ホント！　よかったね。たしか、○○商事なんでしょ」

「うん、合コンでも大人気だった」

「超有名企業だもんね。稼いでそう」

「私、詳しくないからよくわからなかったんだけど、合コンのときもパネライ？　って高級時計をしてて、他の子が〝すごい〟連発してた」

「へー」

「だけど、今はもう○○商事の人じゃないんだよ」

「なんで？」

本当に「なんで?」ですよね……。

「今の上司の下じゃ、能力が生かせないって言って、スタートアップっていうの? 独立して会社をつくるからって退職しちゃった」

「そうなんだー。どんな会社なの?」

「まだ日本ではあまり知られていない健康ドリンクを扱うって言っていたよ。商社時代の人脈を使えば成功確実って言っていたんだけど……」

「どうしたの?」

「会社を辞めたら会ってもくれなくなった人もいるみたいで、最近、彼、家でぼんやりしているんだよね」

「そんなときこそ、I子ががんばらなくちゃ」

「そうだよね」

「そうだよ。社長夫人はパートナーを公私ともに支えなきゃ」

それって社長夫人どころか、単なる無職ですよ、彼……。

「うん。今までエリートコースでがんばってきたんだから、少し休む時間も大事だよね。しばらくだったら、私が生活費出してあげられるし、一緒にいられる時間も増えててうれしいかなって。この間も小さなブーケを買ってきてくれたんだよ」

「そうだよ。一緒にいる時間って本当に大事。私が彼を信じているのも、付き合いたてのころの思い出がいっぱいあるからだもん」

「へー、どんなことがあったの？　聞きたい」

なんて傷の舐め合い。俺ももっと聞きたい……けど、おもしろくて仕事にならないから家に帰るかな。

◆なぜダメ男から離れられないのか？

カフェやレストラン、移動中の電車内など、たまたま聞こえてきた他人の話がおもしろくて、集中してしまった経験は誰しもあるのではないでしょうか。とくにこのエピソードのような「ちょっとおかしな他人の恋話」は、聞き耳を立てたくなってしまう要素満載です。

そして、主人公が何度もクエスチョンマークを示したように、どうやらH美もI子も一般的に言う幸せな恋ではない道を歩んでいる模様。それでも2人は楽しそうにお互いの恋話を繰り広げています。

それぞれのパートナーである彼氏は、彼女たちをダマしているひどい男なのか。それとも2人の会話は不幸自慢をまぶしたノロケ話なのか。あなたはどう思いましたか？　H美とI子の言葉をヒントに検証していきましょう。

まずはH美と彼氏の関係からです。冒頭の会話に注目しました。

「最近、H美は彼とはどうなの？」
「うまくいってるよ。私がいないとダメな人で、この間も〝一生のお願い〟って言われたから、貯金下ろして貸してあげたら、〝俺にはおまえしかいない〟って」
「すごい！」
「でも、忙しいみたいでなかなか会えないんだよね……」

I子との会話から、H美と彼氏はそれなりに長く付き合っている様子。しかし、「一生のお願い」と頭を下げながらお金を借りて、「俺にはおまえしかいない」と言いつつ、「なかなか会えない」というのはどうも怪しい雰囲気です。

断定はできませんが、H美の他に本命の女性がいる可能性も高く、まず間違いなくこの男性は彼氏にしてはダメなタイプの男でしょう。ところが、世の中には相当数、こういったダメな彼氏と支える女性という組み合わせのカップルがいます。

どうして彼女たちは、ダメな男から離れることができないのか。その理由の1つが、**「一貫性の原理」**です。1章でも紹介した通り、人は感情で行動し、後から理屈で納得します。

「俺にはおまえしかいない」という言葉で承認欲求が満たされ、「この人には私しか頼れる相手がいないんだ」と行動をし、その後、「いつか返してくれるはず」と自己肯定して納得してしまう。この繰り返しによって、なかなか会えないさみしさは感じながらも、私が彼を支えなければという考えが強化され、気づくとダメな彼氏にとって都合のいい女性の1人となってしまうのです。

また、弱い人を助けてあげたいという母性の働きもあり、さらに言えば、弱い自分の側にいてくれる人が欲しいという思いも重なります。

◆いい会社に勤めているとわかると、性格までよく見える

そして、I子が彼氏との出会いを語るこちらのシーン。キーワードとなっているのは、○○商事、超有名企業、高級時計、すごい連発です。本人の印象よりも先に構成する要素が2章でも紹介した**「ハロー効果」**となって、一流企業に勤めているエリートな彼という強烈な第一印象となったのがわかります。

「ホント！　よかったね。たしか、○○商事なんでしょ」
「うん、合コンでも大人気だった」
「超有名企業だもんね。稼いでそう」
「私、詳しくないからよくわからなかったんだけど、合コンのときもパネライ？　って高級時計をしてて、他の子が〝すごい〟連発してた」

しかし、見た目として非常にわかりやすい高級時計などを身につけ、高級車を乗り回し、ブランド品を見せつけ、「自分はお金を持っている」と誇示するタイプの男性は、自己顕示欲が強く、人から大事に扱われたいという願望を持った人です。

これは裏を返せば自分に自信がないことの現れでもあり、注意すべきポイントなのですが、ついつい信用し、ダマされてしまう人もいます。その背景には、出会った相手の表面上の特長に引っ張られてしまうハロー効果による思い込みが多分に影響しているのです。

詳しくは後述しますが、投資などで暗躍する詐欺師ほど、高級ブランドを巧みに使い、ハロー効果を演出。被害者の安心、安定を求める気持ちにつけ込み、大金を引き出します。

そして、被害者がダマされたことに気づいたとき、必ず口にするのが「信頼できる人にすすめられたから」という言葉です。その実状は、ハロー効果によって信頼できると思い込まされた人にダマされたにすぎません。

このエピソードのＩ子もまた、彼から受けた第一印象を信じ込んでしまっている様子です。

「今の上司の下じゃ、能力が生かせないって言って、スタートアップっていうの？ 独立して会社をつくるからって退職しちゃった」

会社を辞めて独立した彼氏。しかし、起業はスムーズに進んでいないようで、客観的に見れば主人公の言う通り、無職の状態です。それでも、Ｉ子は一流企業に勤めていた彼氏の能力を疑わず、応援しています。

◆尽くせば尽くすほどハマってしまう心理

「会社を辞めたら会ってもくれなくなった人もいるみたいで、最近、彼、家でぼんやりしているんだよね」

「そんなときこそ、I子ががんばらなくちゃ」

「そうだよね」

ここで働いているのが、**「サンクコスト効果」**❻です。

サンクコスト（埋没費用）とは行動経済学や会計学からきている言葉で、すでに支払ってしまってもう戻ってこない費用、労力、時間のことを示しています。

たとえば、大きな施設を建設するために先行して投資した開発費、身近なところでは行列して買った払い戻し不可の前売り券など。それを得るために費《つい》やしたお金、手間、時間がサンクコストとなるわけです。

採算や成功の可能性だけを見れば、サンクコストを「損だった」と切り捨てて、次の案件に向かったほうが健全な判断であるケースが多々あります。ところが、優秀な経営者であっても一度費やしてしまった以上、生かさなければもったいないと考え、合理的な判断を下せず、ずるずると損失を生み出してしまう。これがサンクコスト効果の影響です。

過去支払ってしまい、もう戻ってこないサンクコストを「損」だったときっぱり割り切ることができず、将来、得るはずの利益を重要と思うことができない状態だと言えます。

こうした判断ミスは恋愛においてより顕著《けんちょ》に表れます。

どう考えても自分に合わない、将来幸せになれるとも思えない相手なのに、ずるずると引きずられるように関係が続いていってしまう。その間、金銭の要求を受け入れ、衣食住を支えてしまう。第三者が見れば、「ダマされているだけ」「利用されているだけ」という状況です。

それでも本人は、「私がいないとあの人はもっとダメになる」「今は階段の踊場にいるだけ。本当はいい人だから」と信じることをやめようとしない。これを恋愛の不思議と言ってしまうこともできますが、長く続く不健全な関係の裏にあるのはサンクコスト効果です。

そして、取り入るのがうまい男たち、女たちは経験的にこうした人の心理をよく理解し、金銭や奉仕の見返りに甘い言葉やささやかなプレゼントなどのご褒美で、相手の心を自分に向けさせていきます。

◆ダメな恋愛はあなたにも感染する！

「うん。今までエリートコースでがんばってきたんだから、少し休む時間も大事だよね。しばらくだったら、私が生活費出してあげられるし、一緒にいられる時間も増えててうれしいかなって。この間も小さなブーケを買ってきてくれたんだよ」

「そうだよ。一緒にいる時間って本当に大事。私が彼を信じているのも、付き合いたてのころの思い出がいっぱいあるからだもん」

結果的に最後まで傷を舐め合うような会話を繰り広げたH美とI子。なぜ、お互いが相手の恋愛の影の部分を指摘しないのか。疑問に思う方もいる一方、実際にこういう友人関係が成り立っているケースはめずらしくないとご存知の方もいるでしょう。

これは心理学で**「感染理論」**❼と呼ばれる心の動きが関係しています。感染理論とは、簡単にまとめると、人は自分に似た人の考え方、生活習慣に影響されやすいというものです。

たとえば、親しい友だちの食生活が乱れ、肥満になった場合、自分が将来肥満体となる確率は171%高まるという研究データがあります。つまり、友だちが太り始めたら、自分も太ると思ったほうがいい。だから、自分が太らないためには、相手も太らせないことです。

あるいは、目標感染というものもあります。親しい人が目標を掲げて行動し始めると、それに感染したように友人たちも何かにとり組み始める。また、感染は友人同士だけで起きるわけではなく、カジノで大勝ちしている人がいると、その周辺にいる人たちの賭ける額がどんどん膨らんでいくという研究データもあります。

冷静に考えれば、勝っている人と自分には何の関係もないわけですから、マイペースでカジノを楽しむべきです。ところが、大勝ちしている人の景気のよさや勢いが伝染。バランス感覚を失ってしまうのです。

そして、このエピソードに登場した2人の女性を結び付けているのは、ダメな男に惹かれてしまうという属性かもしれません。傷を舐め合いながらも、それぞれが「自分は必要とされている」と再確認している。そうした感情もまた、感染します。

詐欺師にダマされている人同士が出会い、つながりあうことでますます深みにハマってしまうケースがあるように、ダメな恋の罠にかかった人同士が励まし合うことで、結果的に苦しい恋愛を長続きさせてしまうこともあるのです。

❶ **「アイコンタクト」**
「目は口ほどに物を言う」というように、脳と直結している唯一の器官である目は心の動きにも大きな影響を与えている。話をしながら相手の目の動きを観察するだけで、好き嫌いの傾向を読むことも可能。
対処法▼感情と連動した目の動きを意識的にコントロールするのは、ほぼ不可能。

❷ **「承認欲求」**
食欲や睡眠欲と同じくらい人にとって基本的な欲求が、人に認められたい、褒められたいという承認欲求。
対処法▼自分が認められたいとばかり考えるのではなく、相手を積極的に承認することでバランスをとる。

❸ **「アンカリング効果」**
ある条件に基づく記憶や感情をアンカー(船の錨のようなもの)として相手の心を動かすテクニック。
対処法▼同じ相手に何度も奉仕している場合、その直前にアンカーとなる何かを使われていないか確認する。

❹ **「自己開示の法則」**
人は自分に対して内面の弱い部分を見せてくれた相手に心を開く傾向がある。その後は自己開示の返報性が働き、自分も相手に対して心の内側や弱い部分を見せ、親近感が深まる。
対処法▼意図的に距離を詰めようと自己開示してくる相手には気をつけること。

❺ **「ローボール・テクニック」**
最初に受け入れやすいような好条件の提示を行い、相手が承諾した後、不利な条件を示すという心理テクニック。
対処法▼条件提示を受ける際は、プラス面、マイナス面の双方を聞いたうえで判断する。

❻「サンクコスト効果」

サンクコスト（埋没費用）とは、すでに支払ってしまってもう戻ってこない費用、労力、時間のこと。こうしたサンクコストにこだわり、合理的、論理的な判断を下せない状態をつくり出すのがサンクコスト効果。

対処法▼過去は過去と割りきり、サンクコストではなく、今、その瞬間の状況から合理的に判断する。

❼「感染理論」

人は自分に似た人の考え方、生活習慣に影響されやすい。

対処法▼レベルの高い人、自分の目標とする人と付き合うとプラスに働く。

SCENE 4
集団

大入り満席のセミナーの秘密

人気のマネーセミナー編

40歳の誕生日を間近に控え、かなり本気で婚活中のあなた。結婚相談所にも登録し、日々、紹介される女性との顔合わせを繰り返しています。

しかし、そこで必ず話題に上がるのが、お金の話。結婚相談所を介して会う女性たちの多くは、あなたの生い立ちや家庭環境、仕事のことと同じくらい、貯金を含めた、お金について聞いてきます。

これまでの交際歴ではあまりなかった経験に驚きつつも、〝これが本気の婚活か……〟と認識を新たにしたあなたは、たまたま読んだネットの記事で紹介されていたお金のセミナーに参加することにしました。

上級ファイナンシャル・プランナーによる「3つのルールで簡単に身につくマネーリ

テラシー」と題されたセミナーの会場は、ターミナル駅前の高層ビルの一室。セミナールーム自体は50人も入れば満席のサイズでしたが、小ぎれいな休憩室にはパンフレット類も充実し、気軽にやってきたあなたの想像よりもきちんとしたイベントのようです。

実際、座席は8割方埋まり、参加者はノートとペンを用意して前のめり。開始直前に会場入りしたあなたは、出遅れたような気持ちになり、慌てて空席に腰を下ろしました。すると、すぐに司会者がセミナーの開始を告げ、壇上には「3万人の家計を改善」「著名人をクライアントに抱える業界有数の上級ファイナンシャル・プランナー」という紹介とともに、恰幅《かっぷく》のいい男性講師が登壇。

講師は参加者1人ひとりの目を見ながら、「みなさん、お金は好きですか？　お金は貯まっていますか？」という問いかけから話を始め、早口でまくし立てるようにマネーリテラシーを持つことの大切さを語っていきます。

せっせとノートをとっている周囲の参加者にあおられ、気づくとあなたの気持ちも前のめりになっていました。

休憩時間を挟み、後半は、お金を殖《ふ》やすための具体的な方法として、講師のすすめる投資商品などが紹介されていきます。貯蓄機能の高い変額保険やリスクは高いものの運用成績に期待できそうな海外の資源関連のファンドなど、あなたにとっては初めて見聞きする商品ばかり。正直、自分にはハードルが高いかな……と感じていたところで、講師の講義は終了しました。

入れ替わってマイクをとった司会者が、事前に配られていたアンケート用紙への記入を求め、無料で参加したのだからお礼代わりにと丁寧に書き込んでいたところ、隣に座っていた女性が話しかけてきました。

「熱心にノートをとられていましたが、いかがでした？」

「いやー、僕にはちょっと難しかったかもしれません」

「私は今日来てラッキーでした。ウワサで、今日の講師の先生がすすめる商品はいいと聞いていたんですけど、本当に期待できそう」

あなたが〝詳しい人だな〟と感心していると、逆隣の席に座っていた初老の男性も話に加わってきました。

「たしかに、あの海外のファンドはよさそうですね」

「1万円単位から積み立てられる手軽さで、あのリターンは魅力的ですよね」

「僕は始めようと思っているよ」

「私もそのつもりです」

「あなたはどう思われました？」

「どうして投資を始めようと？」

隣の女性と初老の男性からそんなふうに問いかけられ、ついつい自分がここに来ることになった経緯から話してしまったあなた。長くなってしまったなと恐縮しながらも、「なるほど」と頷きながら聞いてもらえたことでスッキリもしました。


司会者がセミナーの閉会を告げながら、会場に向けて「○○先生がご紹介した商品に興味を持たれた方は、どのくらいいらっしゃいますか？」と投げかけます。あちこちで手が上がり、〝みんながやるなら、自分も……〟と、その気になってきました。

「詳しい資料は休憩室にございます。質問にはスタッフが対応させていただきます。お気軽にどうぞ。本日はありがとうございました」

◆プロが最初に使う2つの心理術

このセミナー編のエピソードには、商品を売ることのプロフェッショナルがグレーなメンタリズムを意識して仕掛けてきた場合、どういう技が駆使されるのか……が散りばめられています。あなたはいくつ気づくことができたでしょうか？

それにしても、彼らの巧みな誘導によって何らかの投資を始めることになるであろう主人公は、なぜここまでスムーズに心を動かされてしまったのでしょうか。その理由は、冒頭の一文からうかがい知ることができます。彼は、変化を受け入れやすい心理状態にあったのです。

40歳の誕生日を間近に控え、かなり本気で婚活中のあなた。結婚相談所にも登録し、日々、紹介される女性との顔合わせを繰り返しています。

婚活。40歳という年齢から感じる焦り。新たに出会った女性たちが、躊躇《ちゅうちょ》なく聞いてくる「お金の話」。主人公は外的な要因から、自分が変わらなくてはいけないのでは……と感じ、その一環としてセミナーにやってきます。

人は「変わらなきゃ」と感じているとき、他者からの影響を受けやすくなります。しかも、期限を区切ってとり組めばとり組むほど、その傾向は強くなっていくのです。

そんな鴨《かも》が葱《ねぎ》を背負ってくる的状態でセミナー会場にやってきた主人公を待っていたのは、**「ハロー効果」❶**と**「権威効果」❷**を巧みに使った会場と講師でした。

上級ファイナンシャル・プランナーによる「3つのルールで簡単に身につくマネーリテラシー」と題されたセミナーの会場は、ターミナル駅前の高層ビルの一室。セミナールーム自体は50人も入れば満席のサイズでしたが、小ぎれいな休憩室にはパンフレット類も充実し、気軽にやってきたあなたの想像よりもきちんとしたイベントのようです。

人は物事を選択するとき、自分が思っている以上に人や物の表面上の印象から強い影響を受けています。これはすでに述べたハロー効果と呼ばれるもので、ひと言でまとめると、人は見た目のいい人、いい物に引っ張られます。

このハロー効果の力を検証した心理実験として、こんな例があります。選挙の際、政策を見比べずに投票した場合、見た目のいい候補者が、そうでもない候補者の2・5倍の票を得るというデータが出ています。

しかも、投票した人たちの80％以上が「自分は見た目に左右されたわけではない」とコメントし、フェアに選んだことを強調したのです。ハロー効果の恐ろしいところは、無自覚なまま選択や決断に強い影響を与える点にあります。

このシーンでも、ターミナル駅前の高層ビルや小ぎれいな休憩室、豊富なパンフレット類という見た目のよさを演出する舞台装置によって、主人公は「きちんとしたイベント」という印象を持ってしまいます。

◆あなたの脳は2分で相手を決めつける

こうした見た目の**「第一印象」❸**は2秒から7秒で決まり、人や物の内面に関する印象が定まるのは2分です。たった2秒から7秒？　と思われるかもしれませんが、これは生物として当然のこと。こんなに平和な社会になったのは、進化の歴史から見るとごく最近です。

それ以前の長い間、生物は目の前の相手や物が自分にとって脅威《きょうい》か、そうでないかについて瞬時に判断しなければ生き抜くことができませんでした。命を守るため、見た目の印象で瞬時に決断を下していたわけです。

道で野良ネコと遭遇《そうぐう》し、向こうがじっと数秒こちらを見て、さっと逃げられた経験があると思います。野生を色濃く残した野良ネコは、あなたを認識し、判断し、逃げることを決断したわけで、ネコにとってはこれが当たり前。もし、食料だと判断していたら近づいてきます。

第一印象からの接触反応か、回避反応か。近づくか、離れるかは一瞬で決まります。その点、私たち人間はある程度の社会性を獲得してしまったので、相手がどういう性格かを見極める必要が生まれ、2分もの長い時間をかけるようになったとも言えます。

ですから、よく「長く付き合わないと人のことはわからない」と言いますが、これは心理学的言うと、まったくのウソ。あなたは、2分で相手のこと、その場所のこと、サービスのことについて好き嫌いを決めつけているのです。

そして、この決めつけは短くて3カ月、長くて半年持続します。

7秒で感じとり、2分で定着した印象が半年続くからこそ、ハロー効果は使い方次第で非常に危険なテクニックになっていくわけです。

◆権威を感じると背まで高く見える

このエピソードの主催者側は、環境を整えることで参加者にイベントへの好印象を感じさせる一方、講師役の男性を**「3万人の家計を改善」「著名人をクライアントに抱える業界有数の上級ファイナンシャル・プランナー」**という肩書きで演出。3万人、著名人、業界有数、上級というキーワードを散りばめることで特別さを醸《かも》し出し、単なるファイナンシャル・プランナー（FP）ではないという箔をつけています。

これは権威効果によって、講師の価値を高めていくテクニックです。

権威効果については、さまざまな心理実験によって効能が裏付けられています。

たとえば、白衣を着ている人と着ていない人が同じ内容の話をして、どちらの話に説得力を感じたかと聞いた実験では、白衣を着ているだけで説得力が上がるという結果が出ています。あるいは、警察官の服を着ている人が頼み事をすると、本物の警官であるかどうかは関係なく、受け入れられる確率が上昇します。

また、ある大学で行われた実験では、ある人物の肩書きを「学生」「助手」「助教授」「教授」という4段階のランクに分けて、来訪者に紹介していきました。すると、肩書きによって記憶に残る相手の身長の高さまで変化することがわかりました。「学生の◯◯さん」よりも、「教授の◯◯さんです」と紹介されたときのほうが、相手に4センチほど背の大きな人として記憶されたというのです。

これは「教授」という権威によって、仰ぎ見た印象が強く残るためです。権威効果によって勝手に相手の存在感を大きく見積もってしまう。権威効果は、身長までも勘違いさせてしまうほど強烈なものなのです。

逆に言えば、最初から権威を強調してくる人は怪しい。本当に自分や自分たちの伝えるものに自信があるなら、いきなり権威を振りかざすような構成にはしません。資格の数や著名人の名前などを引き合いに出して、自分や商品に箔付けするような紹介の仕方がされている場合は、冷静になって見極めることが重要です。

とはいえ、人は自分で判断するという行為に面倒くささを感じてしまう生き物でもあります。そこで、簡単な決断の方法として「あの人は信頼できるから」と判断を放棄してしまう。ハロー効果と権威効果の組み合わせは、まさにこうした心の動きを突いたテクニックです。

◆疑うものに隙を与えず、信じるものには間を与えよ

続いて、登壇した上級ファイナンシャル・プランナーの振る舞いにも、心理的な誘導が盛り込まれています。

講師は参加者1人ひとりの目を見ながら、「みなさん、お金は好きですか？　お金は貯まっていますか？」という問いかけから話を始め、早口でまくし立てるようにマ

ネーリテラシーを持つことの大切さを語っていきます。

まず、一段高い壇上から話すという舞台設定が権威効果を意図したもの。そして、ここで注目したいのは**「目線」**❹と**「口調」**❺です。

「目は口ほどにものを言う」と言いますが、目は感覚器官のなかで唯一、脳と直結しています。眼球からの神経は余計なところを通らず、ダイレクトで脳に達する。だから、目から入ってくる情報には強い影響力があり、逆に目には考えていることが出やすいとも言われます。

このシーンで講師は壇上から参加者をゆっくりと眺めます。実際に目が合っているかどうかは問題ではなく、見られた、見たという感覚が残ることが重要です。なぜなら、人は目が合った回数が増えるほど、好感を持つとされているからです。

目が合っている時間よりも、目が合った回数が大切。瞬間的にでも目が合うと、相手の気持ちをこちらに惹き付けることができるのです。

目線をつなぐことで、話し手と聞き手の関係性をつくった後、講師は早口でまくし立てるように講義を展開していきます。これは緊張から早口になってしまっているのではなく、ある狙いがあってのこと。じつは、長らく説得力の高まる話し方はゆっくりとした口調だとされてきました。

ところが、最新の研究では早口でまくし立てるほうが聴衆を説得できることがわかってきたのです。それも聞き手が警戒している間ほど早口のほうがよく、相手が心を許してきたら遅くしていくというリズムが最も説得力の高い話し方となります。

早口が効果的なのは、相手に批判的なことを考える隙を与えないからです。一気に客観的に感じる情報などを語りかけ、相手が前のめりになるなど、聞く体制になったところで、ゆっくりと本当に伝えたいメッセージを入れていきます。

このエピソードでも講師はマネーリテラシーに関する概論を前半に早口でまくしたて、休憩後の後半はゆるやかな口調で投資商品の説明をし始めます。

貯蓄機能の高い変額保険やリスクは高いものの運用成績に期待できそうな海外の資源関連のファンドなど、あなたにとっては初めて見聞きする商品ばかり。

つまり、疑っている人間には考える隙を与えず、疑っていない人間には納得する時間を与えよ、というのが説得のための話法の鉄則となっているのです。

◆気持ちよく話していると、気づかないうちに説得される

セミナー終盤、主人公は両隣に座っていた参加者からフランクに声をかけられます。

「熱心にノートをとられていましたが、いかがでした？」
「いやー、僕にはちょっと難しかったかもしれません」

何気ないシーンで偶然の出来事のようですが、これは主催者側の仕掛けの可能性があります。実際、参加した顧客のデータを集め、勧誘につなげる目的で、会場に社員やアルバイトを参加者として送り込んでいるケースは少なくありません。

彼らにはある共通したトーク術があります。

それは自分の話をしないというテクニックです。彼らは質問を投げかけ、相手の話を聞く側に回り、情報を収集していきます。

「あなたはどう思われました？」
「どうして投資を始めようと？」
隣の女性と初老の男性からそんなふうに問いかけられ、ついつい自分がここに来ることになった経緯から話してしまったあなた。長くなってしまったなと恐縮しながらも、「なるほど」と頷きながら聞いてもらえたことでスッキリもしました。

このテクニックの基本となるのは、**「質問と同意」❻**です。

質問だけを繰り返されると、話し手も質問攻めを受けている印象を持ちます。しかし、合間に同意が入っただけで自尊心が満たされ、さらなる同意が欲しくなり、もっと話したくなってしまうのです。

その結果、本人の意図している以上に多くの個人情報が流れ出してしまいます。売る側は、会話を通して得た情報を材料におすすめの商品を提案することができますから、購入や契約に結びつけるのも簡単です。

このトーク術を使う際、2人1組で行うとより効果が高まります。人は未経験の新しい意見を耳にすると、否定的な印象を受けます。このシーンで言えば、主人公が「僕にはちょっと難しかった」というように。

ところが、最初に第三者が肯定的な反応を示していると、その後は否定的な意見を口にしにくい状況ができあがります。つまり、2人1組になって協力し、事前に「Aという意見を出すから、賛成してくれ」と打ち合わせておくだけで、その場に居合わせた他の人たちは、仕掛けられた肯定的な意見に流されやすくなってしまうのです。

◆フォロー・ザ・リーダーであなたは操られる

このエピソードでも主人公は女性と初老の男性との会話の後、彼らの投資に対する前向きな意見に影響されます。そして、とどめを刺すように司会者が、会場全体にセミナーを通じて投資への関心が高まったかどうかを問いかけます。

当然、主催者側が送り込んだリクラは手を挙げるので、会場内では講師のすすめた投資商品を検討する空気がつくり出されます。

あちこちで手が上がり、〝みんながやるなら、自分も……〟と、その気になってきました。

あなたも経験があると思いますが、講演などで「何か質問は?」と問いかけられ、最初から次々と手が挙がることはほとんどありません。通常は、誰かが最初に挙手をし、口火を切ることで質疑応答がスムーズに進んでいきます。そしてたいてい3〜5人手を挙げると、みな手を挙げます。行列のできるラーメン屋も同じ原理です。

じつは、この最初の1人の行動は場の空気をつくるうえで、非常に重要な役割を担っているのです。たとえば、ディナーの場で複数の人間が円卓《えんたく》に座っているとしましょう。円卓の上には左右均等にナプキンが並んでいます。

右手側のナプキンを使うか。左手側を使うか。誰もが周囲の人たちの行動を観察し始めます。そこで、誰かが最初に右手側のナプキンをとったら、それ以降の人は堰《せき》を切ったように右のナプキンをとっていきます。

逆に最初の人が左手側を選んでいれば、今度は左に倣《なら》えとなるわけです。つまり、最初に行動した人によって、その場のルールが規定されていく。これを**「円卓のナプキン理論」**❼と呼びます。

そして、ここで考えてもらいたいのは、このエピソードで誰が最初に手を挙げ、投資商品への関心度を高める役割を担ったか、です。答えはあなたの想像通り、業者側の人間だったはずです。

最初に動き出し、場の主導権を握り、相手の優位に立つという仕掛け。これをより有効に使っているのが、宗教団体です。たとえば、100人規模の信者勧誘のためのイベントを仕掛けたら、20人から30人のサクラを入れていきます。彼らをまばらに配置しておき、教祖や勧誘員の話を盛り上げ、場の空気をつくっていくわけです。

その後、次のセミナーやイベントへの参加を促す流れになったとき、ちらほらと会場に紛れたサクラたちが、全員手を挙げます。すると、「どうしようかな……」と迷っていた人たちも安心し、背中を押されてしまうのです。

その心理は、すでに紹介した社会的証明とも通じています。人はある一定の方向性が主導権を握っている場においては、正しい判断を下すよりも、みんなと同じことがしたくなってしまうのです。

この傾向がさらに加速されていくのが、ツイッターやフェイスブックなどのSNS。正しいかどうかではなく、みんなが「リツイート」しているか、「いいね！」しているかで、情報が拡散していきます。重要なのは本当に役立つか、事実であるかどうかではなく、誰かがおすすめし、話題にしているということ。その結果、有象無象《うぞうむ ぞう》の情報が広がり、多くの人がさまざまな被害に合っているのはご存じの通りです。

集団のなかの1人という状況に置かれたとき、物事をどう判断していくか。心を動かす術を知っているプロたちの仕掛けに流されないためには、空気は読むものではなく、自ら動かしていくものとして捉えることが役立ちます。

自分が誰かに合わせようとしていると感じたら、判断は保留する。なんとなく欲しくなってしまったら、今まで自分がそれを必要とせずに暮らしてくることができた理由を考える。そんなふうに考え、心を動かすためにつくられた流れをいったん、断ち切ることで、その場の空気から逃れることができます。

EPISODE 8

マスコミの情報操作編

中学2年になって初めての夏休み。今日は土曜日だから親父も一緒の朝ごはんになりました。ウザくても顔には出しません。14歳にもなれば、それくらいの気づかいはできて当たり前ですから。両親は何が楽しいのか、ずっとテレビを見ながら食べています……。

朝のワイドショーが伝えているのは、先月起きた未成年者による殺人事件の続報。

〝これはくるな……〟と思ったら、案の定、母親がつぶやき始めました。

「最近、物騒よね。未成年のひどい事件ばっかり。あなたは大丈夫よね？」

〝大丈夫に決まってるだろ！〟と怒鳴りつけたいけど、ここは我慢、我慢。

親父は母親のつぶやきを聞き流して、新聞から目を離さず、ぼそり。

「この法案通ったのか。あの首相、戦争でもする気かね」

〝テレビのワイドショーって、こういう話題やらないよね?〟と聞きたいけど、答えは〝マスコミなんて、そんなもんだ〟だろうから、まあいいか。

「ちょっと、あなた私の話、聞いてる?」

「ん? コイツはまっすぐ育ってるから大丈夫だよ。な?」

返事をするのも面倒なので、食パンにかじりつくとこ。

ワイドショーは一昨日起きた芸能人の自殺の話題に触れた後、アイスクリームのCMに。

「明るそうな人だったのにね……。人生、何があるかわからないわね」

と、母親はわかったようなことを言いつつ、「デザート、デザート」と言いながら、冷凍庫を開けている。〝あーあ、完全に他人事じゃん……〟。

食べ終わった僕は、食卓を離れ、リビングで部活に行く準備を始めます。

「あら、もうそんな時間? 忘れ物ないようにね」

「今度の試合はいつなんだ?」

「ああ、うん。再来週だったかな」

〝本当は今日だけど、俺、たぶん、出ないからね〟

「行ってきます」


「あの子、本当に大丈夫かしら」

「おまえ、いい加減にしろよ。テレビに影響されすぎだよ」

「いい加減にしろよ、とはなによ。若い子のひどい事件が増えてるのは本当じゃない」

「だから、それがワイドショーの見すぎだって言っているんだよ。統計上は、少年犯罪も凶悪犯罪も年々減少しているんだぞ。ワイドショーは、おまえみたいなのが喜ぶから、繰り返し、繰り返しやっているだけだ」

「何よ、統計、統計って、偉そうに。私は心配しているだけじゃない」

ぶつぶつ言いながら立ち上がった母親は食器を下げ、洗い物を始め、父親は再び新聞に目を落とします。静かになったリビングに響くのは、テレビからご当地アイドルの話題を伝えるアナウンサーの声でした。

◆操られたくなければ、ニュースは見るな⁉

私たちには日々、メディアを通して見聞きしている情報があります。ある人にとっては、テレビのニュースや新聞の記事かもしれません。あるいは、検索サイトのトップページに掲載されている見出しがすべてという人もいるでしょう。

いずれにしろ、私たちは毎日のように大量の情報に触れ、何らかの影響を受けながら暮らしています。連日のように景気がよくなってきたという話題に接していれば、なんとなく財布の紐が緩んでいき、あるアイドルグループが大人気になっていると聞かされ続けると、徐々に興味を持つようにもなります。

なぜ、見聞きした情報が実際の行動に影響を与えるようになるのでしょうか。これは心理学の世界で**「スプラリミナル知覚」**❽と呼ばれる現象です。

スプラリミナル知覚とは、意識しながら見聞きした情報は人に何らかの影響を与えるというもの。テレビのニュース映像や新聞記事、ラジオのニュースなど、視覚、聴覚、触覚から伝わり、意識した情報は脳を刺激し、人の行動に影響を与えるのです。

身近な例で言えば、朝のテレビ番組でラーメン特集を見てから出勤すると、ランチタイムになんとなくラーメン店へと足が向く。街中でクリスマスソングが流れ続けるクリスマスシーズンになると、なんとなく華やいだ気分になるのもサブリミナル知覚によるものです。

この現象を踏まえたうえで、このエピソードを読み進めると、食事中いつもついているテレビが、この家族に大きな影響を与えていることがわかります。

朝のワイドショーが伝えているのは、先月起きた未成年者による殺人事件の続報。〝これはくるな……〟と思ったら、案の定、母親がつぶやき始めました。

「最近、物騒よね。未成年のひどい事件ばっかり。あなたは大丈夫よね？」

母親は、自分の息子と関係がないはずの殺人事件を未成年というだけで結び付けてしまいます。これは息子が未成年であるという事実と、テレビが繰り返し流す「未成年者による殺人事件」という情報が結び付き、胸のなかで不安が広がっていった結果です。

しかし、冷静に考えて見れば、息子は反抗期で口数が少なくなっているだけで、本質は何も変わっていません。休日に家族で食卓を囲み、自ら部活に通うといういつも通りの日常を過ごしています。

それがわかっていながら影響されてしまうのは、殺人事件や自殺など、不幸なニュースほどより強く意識下に刷り込まれる傾向があるからです。

◆あなたも毎日触れている、窒息死を招くＤＨＭＯの恐怖

一方、このエピソードに登場する父親はテレビよりも新聞、紙のメディアを好んでいるようで、夫婦の会話はうまく噛み合いません。そして、ここで重要なのは主人公の言葉としては発せられなかったつぶやきです。

親父は母親のつぶやきを聞き流して、新聞から目を離さず、ぼそり。

「この法案通ったのか。あの首相、戦争でもする気かね」

〝テレビのワイドショーって、こういう話題やらないよね？〟と聞きたいけど、答えは〝マスコミなんて、そんなもんだ〟だろうから、まあいいか。

あるメディアでは報じられ、あるメディアでは報じられない。この視点はとても重要で、私たちの身の回りにある情報はすべて発信者の手で加工されています。

たとえば、あなたは「ジハイドロジェン・モノオキサイド」という物質をご存じでしょうか？

ＤＨＭＯと略されるこの物質は、酸性雨の主成分であり、地形を侵食し、温室効果を引き起こすなど、地球の環境に大きな影響を与えます。また、多くの物質の腐食を進行させ、自動車のブレーキの効果を低下させ、気体の状態では大爆発を起こすこともあります。人体に対しても危険な存在で、異常な発汗や重篤《じゅうとく》な火傷《やけど》、窒息死の原因となる危険な存在です。

ところが、このジハイドロジェン・モノオキサイドは日常生活のなかに深く溶け込んでいて、多くの食品に含まれ、発電にも活用されています。物質の特長として、あらゆるものを溶かすことができ、人体に入り込んだらずっと体内に留まり続けます。と、ここまで読んでこの物質が何かわかったでしょうか。ジハイドロジェン・モノオキサイドは、あなたの身の回りにも確実に存在し、必ず毎日触れています。

答えは、水です。

ジハイドロジェン・モノオキサイドのハイドロはH、オキサイドはO。H２O＝水をあえて難しく、おどろおどろしく呼び変えた名が、ジハイドロジェン・モノオキサイドなのです。

水だとわかったうえで、ジハイドロジェン・モノオキサイドの説明を読むと、その特長もすんなり理解できるはずです。ところが、日頃見慣れないジハイドロジェン・モノオキサイドと言われると、「人体に入り込んだらずっと体内に留まり続ける」という特長から恐ろしい病原菌のようなものを想像してしまいます。

この例はちょっとした表現の遊びのようなものですが、情報を意図的に加工することの効果を、多少なりとも感じとっていただけたのではないでしょうか。

ある出来事のどの側面を捉え、どのように伝えるか。あるいはまるで何もなかったかのように無視し、伝えないのか。これは表現の自由として、情報を発信する側に委《ゆだ》ねられています。

歴史を紐解けば、時の政府が、国民に知られては都合の悪い法案の可決を騒ぎにしないため、報道を規制し、別の目立つニュースを流すというようなことは、何度も行われてきました。

すべての情報は加工されている。この視点を持たずに生きていると、知らず知らずのうちに思考をコントロールされる可能性があります。

あなたが今日、興味を持ったニュースは本当に報じられた内容どおりに受け止めていいものだったのでしょうか。

◆殺人事件を報道するのは、CMの商品が売れるから?!

また、テレビを見ていて、こんな疑問を感じることはありませんか?

テロリストによる人質殺害事件の特集の後、交際相手を殺害した容疑者のニュースが流れ、スタジオに重苦しい雰囲気が残るなか、キャスターが「いったん、ＣＭです」と告げます。すると、次の瞬間、画面には疾走《しっそう》する高級車が映し出され、運転席に座った美男が、助手席の美女に笑いかける……。

果たして、こんな悲惨なニュースの後で高級車のコマーシャルを流し、欲しいと思う人がいるのでしょうか。じつは事前に流れる情報が重苦しいほど、コマーシャルの効果は上がるということが実証されています。

ワイドショーは一昨日起きた芸能人の自殺の話題に触れた後、アイスクリームのＣＭに。

「明るそうな人だったのにね……。人生、何があるかわからないわね」と、母親はわかったようなことを言いつつ、「デザート、デザート」と言いながら、冷凍庫を開けている。〝あーあ、完全に他人事じゃん……〟。

このシーンで母親がアイスクリームを手にとるように、重苦しいニュースの後に流れるコマーシャルには視聴者に対して一種の解放感を与える効果があります。人は、怖いニュースを聞くというストレスに耐えたぶん、自分にご褒美を与えたくなるのです。こうした心の動きを利用した広告戦略は、**「恐怖管理」**❾と呼ばれています。

恐怖管理の前提となっているのは、心理学における恐怖管理理論です。人は恐怖や不安を感じると、無意識に安心できて楽しいものを欲します。つまり、怖いものに触れさせると、人は誘惑されやすい状態になっていくわけです。

そこにとても魅力的で安心できる情報を流すと、人は強く惹きつけられます。

実際、過去に行われた心理実験では、人が死亡したニュースに接した直後の視聴者に対して、高級車や高級時計などの贅沢品のコマーシャルを見せると、身につけたい、購入したいと感じることがわかっています。

高級品が危険から身を守ってくれるわけではありませんが、そのプラスのイメージが不安から逃れる一助となるからです。

裏を返せば、意図的に仕掛けられた恐怖には必ず理由があります。恐怖は誘惑のための導入として使われているのであり、大切なのはその背後にある誘惑と、誰がそれを仕掛けているのかに目を向けることです。

◆自殺報道で、交通事故率が上がる

メディアによる誘導の恐ろしいところは、受けてしまった影響が**「社会的証明」⑩**によって増幅していくことです。

たとえば、あなたが道を歩いていて、交差点で真上を向いている人がいたらどう感じるでしょうか？　それが1人だけなら、「変わった人だな」で終わりかもしれません。でも、5人が同時に真上を見ていたら、あなたも思わず見上げてしまうのではないでしょうか。

これが社会的証明の働きの一例です。集団が上を見ているから、何かあるのだろうと考え、同じ行動をする。なぜ、そうしてしまうかというと、人は本能的に「集団の行動に合わせていたほうが損をしない」ことを知っているからです。

メディアからの情報も同じような流れで広がっていきます。

あなたが「Aではない」と判断していたことについて、メディアが繰り返し、繰り返し「Aである」という情報を流したとしましょう。その情報に触れるうち、徐々に「Aなのかもしれない」と思い始め、同じように影響を受けた周りの人が「あれはAだ」と言うのを聞き、あなたも「Aだったのか」と考えを改めてしまうのです。

こうした心の動きが国全体に広がり、戦争という大きな悲劇を引き起こすケースを私たちは過去に何度も繰り返しています。もちろん、これは大げさすぎる例えかもしれません。しかし、メディアによって増幅《ぞうふく》された情報は、それだけ強い感染力を持って人々の間に広がっていく可能性を持っているのです。

「おまえ、いい加減にしろよ。テレビに影響されすぎだよ」
「いい加減にしろよ、とはなによ。若い子のひどい事件が増えてるのは本当じゃない」

このエピソードでは父親が母親をたしなめていますが、次に未成年者の事件が起きたときには夫婦ともに同じ意見になっているかもしれません。実際、流行するものが一定数を超えると指数関数的に一気に広まっていく背景にあるのも、社会的証明です。

しかし、時にはみんなと同じようにすることが裏目に出ることもあります。自分の判断で避難すべき状況で、「周りの人も逃げていないから」とその場に留まり、命を落としてしまう。これは災害の現場で過去に何度となく繰り返されてきた悲劇です。

こうした社会的証明のマイナス方向での広がり方を心理学では、**「ウェルテル効果」**⓫と呼んでいます。

その名の由来となっているのは、文豪ゲーテの著書『若きウェルテルの悩み』です。この本のなかで、主人公のウェルテルは最後に自ら命を絶ちます。衝撃的な結末があいまった『若きウェルテルの悩み』はベストセラーとなり、それに触発された人々が相次いで自殺するという現象が起きたことから、社会的証明のマイナス方向への働きとして「ウェルテル効果」と名付けられたのです。

そして、このウェルテル効果の影響は、情報量が増えた現代のほうが強くなっています。

たとえば、有名人が自殺し、その内容がセンセーショナルに報じられると、その後、同じ方法を使った自殺者が増える。もしくは潜在的に自殺願望を持つ人たちが、いつもよりアクセルを踏み込んだりハンドルを切りすぎて、交通事故率が上がる。ある手口での犯罪が汁目されることで、模倣犯《もほうはん》が増加する。根拠の薄い理由でバッシングを受けた人や物に対する風評被害が、急激に広まっていく。インターネットによって情報量が増え、誰もが発信者になれるようになったことで、この傾向は今後ますます高まっていくはずです。

だからこそ、ニュースからは一定の距離を置き、複数の情報を重ね合わせ、自分なりに判断する習慣をつける必要があります。何回もとり上げられているから、「これは事実なんだ」と思い込んでしまうようでは、この先、あなたは何度もつらい目にあってしまうかもしれません。

そういう意味では、ポータルサイトのトップニュースにも注意が必要です。あのニュースはあなたにとっての重要度ではなく、誰かがキュレーションし、クリック数が増えそうなニュースを並べているだけです。

そこに示された殺人や事故、芸能人のスキャンダルなどの暗いニュースばかりを眺めていると、こちらの気分まで沈み込んでしまう。まさに空気のように伝播するのが、情報の恐ろしいところなのです。

❶「ハロー効果」
ハロー効果によって、人は見た目のいい人、いい物に好印象を受ける。その効果の恐ろしいところは、本人が好印象を受けていることに無自覚なまま、その後の選択や決断に強い影響を与える点にある。

対処法▼見た目の第一特長以外の第二、第三の特長に着目する。

❷「権威効果」
肩書きにさまざまなキーワードを盛り込むことも、一段高い壇上から話し出すことも、権威効果の一種。些《さ》細《さい》な差で相手より優位に立つことができる。

対処法▼他の人が言っていても信じたかを、考えてみる。

❸「第一印象」
第一印象は2秒から7秒で定まってしまい、人や物の内面に関する印象が決まるのに要する時間は、2分。しかも、印象は半年近く継続する。ハロー効果、権威効果が恐ろしいのは、第一印象に大きく影響するため。

対処法▼相手と付き合う間に受けた、新たな印象を記録する。

❹「目線」
人は目が合った回数が増えるほど、好感を持つ。重要なのは、目が合っている時間よりも、目が合った回数。瞬間的にでも目が合うと、相手の気持ちをこちらに惹き付けることができる。

対処法▼不自然なくらい目が合うときは、不自然な出会いが演出されている。

❺「口調」
説得の話法として、聞き手が警戒している間ほど早口のほうがよく、相手が心を許してきたら遅くしていくというリズムがもっとも効果的。疑っている人間には考える隙を与えず、疑っていない人間には納得する時間を与える。

対処法▼一気に早口でたたみ込まれたときは、聞き流す。

❻「質問と同意」

質問だけを繰り返されると話し手も質問攻めを受けている印象を持つが、合間に同意が入っただけで自尊心が満たされる。しかも、さらなる同意が欲しくなり、もっと話したくなってしまう。

対処法▼初対面なのに、自分が気持ちよく話しすぎていると感じたら、要注意。

❼「円卓のナプキン理論」

円卓にセットされたナプキン。右手側を使うか。左手側を使うか。誰もが周囲の人たちの行動を観察するなか、誰かが最初に右手側のナプキンをとると、それ以降の人は堰を切ったように右のナプキンを使い始める。いち早く先手をとると、場の空気を掴むことができる。

対処法▼場の空気を奪われたくなければ、自分が最初に動く人になる。

❽「スプラリミナル知覚」

意識しながら見聞きした情報は、人に何らかの影響を与える。テレビのニュース映像や新聞記事、ラジオのニュースなど、視覚、聴覚、触覚から伝わり、意識した情報は脳を刺激し、人の行動に影響を与える。

対処法▼自分で意識している以上に、情報の影響は強いことを自覚する。

❾「恐怖管理」

人は恐ろしい情報に触れた後、楽しい情報を与えられると、強い影響を受ける。重苦しいニュースの後に流れるコマーシャルには、視聴者に対して一種の解放感を与える効果がある。

対処法▼凄惨なニュースの後、なぜ、こんなお気楽なコマーシャルが？　という視点を大切に。

⑩「社会的証明」

情報をどう受け止めるかについても社会的証明は影響する。たとえば、あなたが「Aではない」と判断していたことについて、メディアが繰り返し、繰り返し「Aである」という情報を発信すると、徐々に「Aだったのか」と考えを改めてしまう。

対処法▼なぜ、Aであるという情報が発信されるのか、その背景を調べる。

⑪「ウェルテル効果」

有名なタレントなどが自殺し、その内容がセンセーショナルに報じられると、その後、同じ方法を使った自殺者が増える。ある手口での犯罪が注目されることで、模倣犯が増加する。このようにマイナスの方向に社会的証明が働くことをウェルテル効果と呼ぶ。

対処法▼情報源やニュースは選ぶようにする。なんとなくニュースを見るのではなく、RSSなどで選びとることが重要。

SCENE 5
欲望

弱みにつけこむ詐欺師の罠

投資：お金への欲望編

昨夜、同僚と飲んでいたあなた。去年、独立した同期の会社が好調らしいと聞き、その場では「よかったね」と言ったものの、内心は〝俺もやれたはず……〟と穏やかではありませんでした。

とあるホテルのロビーでばったりとKに出会ったのは、そんな気持ちがくすぶっているときです。Kは大学の同級生で、学生サークルをとり仕切る派手なヤツでした。

「よう、Jじゃん。」

久しぶりに会ったKは、チャラさはそのままに、高級ブランドのスーツに高級時計を身につけ、足元はピカピカの革靴と羽振りのよさを全開に漂わせていました。

「K。元気？　なんか景気よさそうだね」

「かなり、いいね。Jはどう?」

「ボーナスもいまいちだったし、厳しいよ」

「副業とか興味ある?」

「あー、雑誌とかの記事はよく見るかな」


ニヤリと笑ったKは、早口であなたに耳打ちするように続けます。

「同級生のよしみで教えるけど、いい投資案件があってさ。俺は、ここ2年くらい金の心配ゼロになったんだ」

「ホントに?」

「ああ、プライベート・エクイティって言って、これから成長する企業に投資する会員制のファンドなんだよ」

「儲かるんだ?」

「ここだけの話だけど、毎月10%のリターン。100万円投資したら、毎月10万円の小遣いだよ。すごいだろ」

「でも、それ、怪しくない?」

あなたがそう言うと、Kは合わせていた目をすっとずらし、興味を失ったようにこう言いました。

「と思うだろ。そこが分かれ目でさ。二の足を踏むヤツは儲からないだけだよ」

Kに見放されたように感じたあなた。同時に脳裏に独立していった同期の顔が浮かびます。

「それって、僕でもできるのかな？」

「種銭さえあれば、楽勝だよ。手続きなんか簡単だしね。あとはやる気だけ」

「いくらぐらいから参加できるの？」

「どのくらいなら出せる？」

「100万円くらいかな」

「おいしい話だけにけっこう人気でね。今、ミニマムが500万円なんだよ」

「500万円か……」

「厳しいか？　じゃあ、今回はしょうがないな」

「いや、ちょっと待って。300万円ならなんとか」

「そうか。300万ね。俺が口利きすればいけるかもしれないから、この話、2、3日、預けてくれる？」

「わかった。よろしくな」

あなたはKと連絡先を交換し、別れました。

3日後、Kから「OKが出た」という連絡がありました。

電話口のKはハイテンションで、「おまえ、マジでラッキーだぞ。300万円の10％だから、30万円。手取りくらいいっちゃうんじゃないの？」と上機嫌。

話はとんとん拍子で進み、あなたはKの紹介でプライベート・エクイティの運営会社から郵送されてきた書類にサインし、指定口座にコツコツ貯めた300万円を振り込みました。

それから1カ月後、通帳には30万円の振り込みが！

内心ドキドキしていたあなたは、思わずATMの前で「よっしゃ」とガッツポーズ。翌月も同額の振り込みがあったところで、わずかながらKのことを疑っていた自分を叱りつけました。

そんなタイミングでKから連絡があり、「もう200万円積まないか」と誘われたあなた。すぐに〝500万円なら、毎月50万円か〟と皮算用し、虎の子の定期預金を崩して投資することを決めました。

ところが……、3カ月目、4カ月目は入金がストップ。慌てたあなたが、Kに連絡すると、「一時的に運用成績が悪化しただけらしいよ。投資だからこういうことはあるもんだよ」とたしなめられます。

言われてみれば、たしかにと納得したものの、状況は5カ月目、6カ月目も変わりません。徐々に心配になってきたあなたはKに会いたいと伝えるものの、「忙しい」の一点張り。そのうち番号が変わったのか、携帯電話そのものにつながらなくなってしまいました。

その後、プライベート・エクイティの運営会社からは運用成績の悪化を理由とした「配当金遅配《ちはい》のお知らせ」が届くようになります。あなたは、〝もしかすると……〟と不安にかられ、運営会社をインターネットで調べてみました。

画面には同様の状態に陥り、運営会社に投資事業の実態があったのかどうかを論議するブログや掲示板が次々と映し出されます。〝詐欺だったのか……〟という衝撃に打ちのめされた2カ月後、この問題は事件化され、その被害額の大きさからニュースでも報じられる投資詐欺事件となりました。

相談した弁護士からは、あなたが投じた500万円が返ってくる可能性は限りなく低いと言われています。Kも同じくダマされた側なのか、それとも……。

婚活どころではなくなってしまったあなたでしたが、光明もありました。被害者の会で出会った女性とお互いの被害について情報交換をするうち、意気投合。コツコツがんばっていきましょうと励まし合い、お金をかけないデートを重ねています。

◆人はいつも「自分は例外」だと思いたい

「オレオレ詐欺」はもちろんのこと、誰かがダマし、誰かがダマされる詐欺事件は常に新しい手法がつくり出され、途切れることがありません。なかでも儲け話にまつわる詐欺は、いつの世にもあるものです。

未公開株式、外国債、土地、純金、ねずみ講、マルチ商法……。多くの人は、儲け話にまつわる詐欺事件がニュースになる度《たび》、疑問に思っていることでしょう。これまで何度となく同じような事件が起き、「うまい儲け話はない」と教えられてきたのに、どうしてダマされてしまうのだろう……と。

じつはその考え方にこそ、落とし穴があります。

被害にあった人のほとんどはあなたと同じく、「うまい儲け話はない」「ダマされるほうにも問題があるのでは……」と思っていたはずです。ところが、それでも気づいたときには詐欺師の誘いに丸め込まれてしまいます。なぜなら、ダマす側は「人が常に自分は例外と思いたい生き物である」ことを知っているからです。

ダマされる理由は基本的に1つしかありません。自分は例外、自分は大丈夫という思い込み。これが真実を見抜く力を鈍らせてしまうのです。当然、このエピソードの主人公も例外ではありません。根拠のない自信で「自分は大丈夫」と考えていることがうかがえます。

去年、独立した同期の会社が好調らしいと聞き、その場では「よかったね」と言ったものの、内心は〝俺もやれたはず……〟と穏やかではありませんでした。

環境が変われば自分はもっとできるはず。と、そんなふうに考えている人の友人のところに、儲け話が舞い込んだとしましょう。その人は純粋な親切心とわずかな嫉妬が入り混じった心境で、友人に「そんなうまい話はないよ。やめたほうがいい」と言うはずです。

ところが、自分が当事者になった瞬間、「自分なら大丈夫」と考え、いろいろなものが見えなくなっていきます。

こうした心理は宝くじ売り場に並んでいる人にも共通しています。統計学が流行している今、よく知られたことですが、宝くじの一等当選の期待値を計算した場合、当たるまで買い続けたとしても1枚10円ほどのリターンにしかなりません。

加えて、宝くじは買いに行く途中で交通事故に遭《あ》う確率のほうが、一等当選の確率より高いこともわかっています。交通事故は年間、人口の0・9％くらいの人が遭遇するというデータがあり、平均寿命のスパンで考えると、だいたい45％以上の人が生きている間に何らかの交通事故に遭う計算になります。

一方、宝くじの一等当選確率はと言うと、だいたい数百万分から数千万分の一の可能性。

ところが、サマージャンボ宝くじ、年末ジャンボ宝くじの発売となると大行列ができます。根底にあるのは、自分は例外という心理の働き。当たっている人がいるなら、自分にも億のお金が入るかも……という夢を見てしまうのです。

◆羽振りのいい人が稼いでいるとは限らない

自分は例外という心理は、いい方向に向かえば人を楽観的にさせ、希望を持たせてくれます。しかし、これが儲け話とくっついた場合、いい結果にはならないケースがほとんどです。

なぜなら、自分のところに儲け話が舞い込んできたとき、希望ではなく、欲望が広がっていくからです。とくに今以上の豊かさを空想している人ほど、その傾向は強くなります。

同僚が昇進した。昔の仲間が事業で成功した。共働きでパートナーのほうが稼いでいて、引け目を感じている。隣近所の人よりも裕福な暮らしをしたい。借金を返済して、一発逆転できる方法を探している……。

お金が欲しいという思いは誰しも持っていますが、人よりも少しだけその欲求が強いと、儲け話に飛びつきやすくなってしまうのです。たとえ、こんなふうに相手が怪しい雰囲気でも……。

久しぶりに会ったKは、チャラさはそのままに、高級ブランドのスーツに高級時計を身につけ、足元はピカピカの革靴と羽振りのよさを全開に漂わせていました。

「ハロー効果」❶のもたらす第一特長に引っ張られると本質を見誤ってしまうのは、すでに述べた通りです。このシーンで主人公は、大学時代の同級生Kと久しぶりに再会し、羽振りがよさそうだと思ってしまいます。

それはKがあからさまに儲かっている雰囲気をばらまいているからです。

しかし、冷静に考えてみましょう。起業家や芸能人で「俺はお金を持っている」というイメージを前面に押し出している人がいます。では、彼らは本当にお金を持っているのでしょうか。もしかすると、うなるほどの資産を手に入れているかもしれません。でも、それを目に見える形で示している以上、相応のお金を使っているということでもあります。

高級ブランドのスーツ、高級時計、高級外車、一等地のタワーマンション、クルーザーなどなど。多くの人が「あの人はお金を持っていそう」「景気がよさそう」と思う第一特長を見せびらかすには、大きなコストがかかるわけです。

これは金回りがいいだけであって、お金を使っていることと、お金を持っていることとは直結しません。たとえば、「フォーブス」の長者番付の常連である投資家のウォーレン・バフェット。彼は、見た目だけで言えば、とても質素でいわゆる大金持ちには見えません。住んでいる家はオマハという田舎町にあって、若いときに約350万円で買った物件のまま。現在、乗っているクルマは10年以上乗ったボルボから買い換えたスバルです。

しかし、その個人資産は723億ドル（約8兆7000億円）。お金を使うことに興味はなく、増やすことに熱心な長期投資家です。

◆なぜどう見ても怪しい人を信じてしまうのか？

世界一の格差があるアメリカには、お金持ちのなかにもミリオネアとビリオネアという階層があります。バフェットを筆頭に超大金持ちであるビリオネアと呼ばれる人たちは、派手な格好をしていません。見た目にお金を注ぎ込み、派手にしているお金持ちはミリオネア止まりと言われています。ビル・ゲイツは豪邸を持ってはいますが、それを上回る慈善事業を行っています。

その理由は**「承認欲求」❷**を切り口に考えればよくわかります。驚くほど儲けて、本当に資産を持っている人たちほど、自分を飾るためのお金を使いません。なぜかと言えば、すでに承認欲求が満たされているからです。

一方、派手に装い、自分はお金を持っているとアピールする人たちは、まだ承認欲求が満たされていないということ。みんなにすごい人として見てもらい、大事に扱ってもらうことを求めています。これは裏を返せば、自信がないということです。

だから、手持ちのお金を惜しみなく使い、何千万円もするような時計をつけ、全身を高級ブランドで包み、高級車に乗って出かける。そういう人は常に自由になる現金が必要ですから、儲け話に乗りやすく、ダマされやすいとも言えます。

このエピソードに登場するKはまさにそのタイプです。とはいえ、資産があるわけではなく、いわゆる詐欺師。彼らは**「権威効果」**❸を醸し出すために着飾るだけでなく、やましいことをしている自分を補強するためにも見せ金を使うことにこだわります。また、アクセサリーをじゃらじゃらとたくさんつけるのは自信のなさの表れです。

ところが、儲け話にダマされてしまう側は、詐欺師が演出するこうした第一特長に引っかかってしまいます。自分よりも金を持っているという印象に引っ張られ、判断を停止してしまうのです。

人の心理は不思議なもので、儲け話に耳を傾けるとき、安心や安定は求めるものの、知識は求めません。信頼できそうな人の話だから、安心だろうと考えてしまう。しかし、信頼を安心を感じることと、安全かどうかはイコールではありません。

にもかかわらず、このエピソードの主人公のように、怪しげな人の言葉に耳を傾けてしまうのです。


ニヤリと笑ったKは、早口であなたに耳打ちするように続けます。

「同級生のよしみで教えるけど、いい投資案件があってさ。俺は、ここ2年くらい金の心配ゼロになったんだ」

◆「もしも手に入ったら…」と想像しただけでダマされる

事前に主人公Jの金回りや副業への興味などを質問したKは、ダマせる可能性を感じとります。なぜわかるか言うと、詐欺を働く側は「相手がお金を欲しいと思っているかどうか」を見抜くことに全力を注いでいるからです。

彼らが狙う顧客は、ケチでお金を貯めこんでいる人や他人を羨《うらや》んでいる人、手持ちのお金以上の暮らしを望んでいる人です。もっと欲しいと思っていない人は儲け話にも乗ってきませんから、詐欺師は相手の欲求に注目します。

とくに男性は衝動に弱く自制心が低いので、リスクを想像せずに自分は大丈夫と考えがち。しかも、儲け話を聞いた時点で、心はすでに入ってくる予定のお金に向いてしまいます。

そんな相手に対して、親密度を高める効果のある耳打ちで「お金を増やす方法があります」と伝え、判断能力を低下させる早口で欲求を刺激していく。しかも、「同級生のよしみで」というキーワードが限定感を高め、**「希少性の法則」❹**が働き、Jはまんまと乗せられていきます。

「儲かるんだ？」

「ここだけの話だけど、毎月10％のリターン。100万円投資したら、毎月10万円の小遣いだよ。すごいだろ」

儲け話、それも投資詐欺を仕掛ける側は当初、ダマすことよりも、相手の感覚を狂わせることを目的にしてきます。最初に金銭感覚を揺さぶってしまえば、その後は思うままに操ることができるからです。

ですから、どんな詐欺師も「これに乗ったら今すぐ100億円儲けられますよ」とは言いません。そこまで額が大きいと、誰もダマされないからです。しかし、「これに乗ったら手持ちの100万円が月に10％増えますよ」だったらどうでしょう？

10万円は現実味のある額で、手に入ればそこそこの贅沢ができます。しかも、毎月入るとなれば非常に魅力的です。うまい詐欺師はリアリティのある数字を使って、相手に「もし、手に入ったら……」と想像させていきます。

◆リアルそうに見えるときほど投資は危ない

ですから、どんな投資話も最初は10万円、100万円という単位から始まります。

身近でリアルな金額ですが、10％で動くという利率は正しい知識を持っていれば、アンリアルだと気づきます。バフェットのように投資家の頂点に立っている人物でも年間のリターンが20％ほどですから、素人である主人公Ｊのところに月10％の投資話が舞い込んでくるはずがありません。

しかし、目の前の相手はそうやって稼いでいると言い、身につけた贅沢品がそれを裏付けているように感じさせます。さすがにおかしいかもしれないと思ったＪはＫにこう問いかけるのですが……。

「でも、それ、怪しくない？」

あなたがそう言うと、Ｋは合わせていた目をすっとずらし、興味を失ったようにこう言いました。

「と思うだろ。そこが分かれ目でさ。二の足を踏むヤツは儲からないだけだよ」

ここで使われているのが、**「目線」❺**を使ったテクニックです。

人の自然なアイコンタクト時間は長くても１～１・５秒ですが、目を合わせておいてから意図的に視線を外すことで、交渉のペースを握るというテクニックがあります。

これは「人は不安になると周囲を見て、同じ行動をとる」という社会的証明の心理を利用したもの。一般的に目をそらすのはよくないと言われていますが、熱心に話していた相手が急にトーンダウンし、視線を外すと交渉相手は不安になります。

そして、人は不安になり、迷っているときほど、こちらのオススメに乗りやすい状態となります。そこで、強気の押しの一手を繰り出すことで、完全にこちらのペースに持ち込むことができるのです。

◆うまい詐欺師はいったん断る

このシーンでは主人公は、同級生のよしみで投資話を持ちかけられ、躊躇したところで突き放され、勇気のなさを指摘されるという流れで、完全にペースを握られます。そこで使われるのが、**「ローボール・テクニック」**❻です。

ローボール・テクニックはセールスの世界でよく使われるテクニックで、最初に乗り越えやすい条件を提示して承諾させ、徐々にハードルを上げていき、売り手にとって有利な状態に持っていくというもの。このシーンでKは、この投資話がことさら簡単だということをアピールします。

「それって、僕でもできるのかな？」

「種銭さえあれば、楽勝だよ。手続きなんか簡単だしね。あとはやる気だけ」

しかし、何か物事をすすめるとき、あるいは仕事などを任せたとき、「簡単」「楽勝」「たやすい」といったフレーズを連呼する相手には注意が必要です。

信頼の置ける人、仕事のできる人は、物事に対して脊髄《せきずい》反射のように「簡単」「楽勝」「たやすい」とは言いません。なぜなら、これから何が起きるかわからない未来に対して、手放しに楽観的になることは無責任だからです。

ましてや投資という必ずリスクのある話で、「簡単」「楽勝」「たやすい」が連呼され、相手に対して楽観的なところを見せすぎるのは、どこかおかしい。Jは気づくはずでしたが、すでにペースを握られているため、そのまま投資額の話に入っていき、Kの繰り出す次なるテクニックに乗ってしまいます。

「厳しいか？　じゃあ、今回はしょうがないな」

「いや、ちょっと待って。３００万円ならなんとか」

ここで初めて投資に参加するための条件額が明かされました。100万円なら出せるというJに対して、提示されたのは500万円。Jにとって「簡単」「楽勝」「たやすい」という気持ちで乗り越えられる金額ではありませんでした。

その懐具合を察知したKはすぐに条件を下げてきます。これは**「ドア・イン・ザ・フェイス」**❼と呼ばれるテクニックです。

◆少額でも手を出したら最後、一度開いた財布は閉じれない

ドア・イン・ザ・フェイスは、最初に断られる可能性の高い提示をし、その直後に受け入れやすい提案を示すことで要求を通すテクニック。このシーンで言えば、「ミニマム500万円」が断られる可能性の高い提示で、「俺が口利きをすれば300万円でも」が受け入れやすい提案というステップになっています。

つまり、1番目の提案は断らせるために見せるダミーで、本来達成したい目的は2番目に提示するわけです。このテクニックのうまいところは、仮に相手が1番目の提示を受け入れてしまったとしても、提案する側には何の痛みもないところです。むし

ろ、Kはより多くのお金をJから引き出すことができるのですから。

ドア・イン・ザ・フェイスを使われた側が陥っている心の動きは、「断ってしまって申し訳ないので、次に頼まれたことは断りづらい」というもの。これは気の小さいいい人ほど、思わず納得の作用ではないではでしょうか。

内容はどうあれ、断るという行為そのものが発生させる罪悪感。これを増やしたくない、解消したいという思いから、ついつい次の提案には納得してしまう。当然、持ちかける側は、そんな心の動きをわかったうえで仕掛けてきています。

もし、あなたがこうしたテクニックを使われて、相手のペースに乗せられてしまったときには、とにかく、いったん流れを切ることです。一見、提案を了承したかのように「前向きに検討したいので、資料を持ち帰って考えます」などと言いながら、その場を離れること。もちろん、相手はそのまま丸め込みたいので難色を示すかもしれませんが、「口座のお金を動かすには妻（夫）の同意がいる」など、もっともらしい理由をつけて決断を日延べしましょう。

相手の勢いを削いでしまえば、ドア・イン・ザ・フェイスで提示された2つの条件が、あなたにとっていかに不利なものかはっきりします。

◆疑ってしまった反動でむしろ信じ込んでしまう

投資詐欺に共通する点があります。当初は何らかのリターンが支払われるのです。手持ちの資金を投じながらも、心のどこかに「本当かな?」という疑念を残していた人も、現金の振り込みによって疑う気持ちを消し去ってしまいます。

むしろ、ほんのわずかでも疑っていたぶん、「本当だ!」と思った反動は大きくなり、「これはすごい儲け話が舞い込んだのだ」と信じる気持ちが強くなっていきます。

このエピソードでも、Kの持ちかけた投資に乗ったJのもとには予定通り、配当金が振り込まれます。

電話口のKはハイテンションで、「おまえ、マジでラッキーだぞ。300万円の10%だから、30万円。手取りくらいいっちゃうんじゃないの?」と上機嫌。

話はとんとん拍子で進み、あなたはKの紹介でプライベート・エクイティの運営会

社から郵送されてきた書類にサインし、指定口座にコツコツ貯めた３００万円を振り込みました。

それから1カ月後、通帳には30万円の振り込みが！

ここでＪの心理には、この投資に対する**「保有効果」❽**が働きます。

保有効果とは、自分が現在所有するものに高い価値を感じ、それを手放すことに強い抵抗を感じてしまう心理のこと。今、手にしているものに価値を感じ、それを手放し、失うことを恐れるようになります。

そこを狙い打つように、Ｋからはこんな提案があります。

そんなタイミングでKから連絡があり、「もう２００万円積まないか」と誘われたあなた。すぐに〝５００万円なら、毎月50万円か〟と皮算用し、虎の子の定期預金を崩して投資することを決めました。

冷静にお金の動きだけを考えてみると、３００万円を差し出し、２カ月で60万円を得ただけで、240万円減っていると捉えることもできます。しかし、ひと月に30万円の現金が入ってきたという事実の放つ力は大きく、出資する側の欲を刺激します。あと100万円入れれば、来月も10万円入ってくる。200万円なら20万円。簡単な計算だからこそ、欲望に火が付き、止まらなくなるのです。こうした心の動きを止まらずに加速するという意味で、「ドライブ」と表現する心理学者もいます。

◆つぎ込んでしまったら、後には引けない

そして、投資額が大きくなってくると、今度は引くに引けない心理状態になってきます。これは**「サンクコスト効果」❾**と呼ばれるもので、すでに投じてしまった資金と時間へのこだわりが強くなり、仮に損失が膨らんでも損切りに踏み出せない状態にさせます。

サンクコスト効果の怖いところは先に投資したコストが大きければ大きいほど、心理的効果が増幅され、最悪の場合、投資家に壊滅的な打撃を与えるところ。これは人間関係にも共通していて、腐れ縁と呼ばれるような関係の背後にあるのもサンクコス

ト効果です。
結果、このエピソードはＪにとって非常に苦い経験となる結末を迎えます。

あなたは、〝もしかすると……〟と不安にかられ、運営会社をインターネットで調べてみました。

画面には同様の状態に陥り、運営会社に投資事業の実態があったのかどうかを論議するブログや掲示板が次々と映し出されます。〝詐欺だったのか……〟という衝撃に打ちのめされた2カ月後、この問題は事件化され、その被害額の大きさからニュースでも報じられる投資詐欺事件となりました。

もしかすると、異変を感じた月に解約を申し出ていれば、いくらかのお金が返ってきていたかもしれません。しかし、配当金を受けとったことがあるという事実、投じた額の大きさに縛られ、Ｊは動けませんでした。
サラリーマンが一生懸命１カ月働いて得る額を、配当金で得てしまったら、そうなるのも仕方のないことかもしれません。しかし、自分は多額のお金を払っているにもかかわらず、元本は保証されていると錯覚してしまうのは、あまりにも都合のよすぎる考え方だと言えるでしょう。

この事件が典型的な投資詐欺であれば、投資の実態はなく、配当金は出資者が出したお金を切り崩して支払われたものです。ちなみに、500万円出したJが配当金として受けとったのは、60万円。差額の440万円は詐欺師たちの懐へと消えていったわけです。仕掛ける側からすれば、リスクをとるに十分な仕組みとなっているわけですから、投資詐欺が一向になくならない理由も見えてきます。

高い授業料を払うこととなったJの幸せな未来を願うとともに、あなたが儲け話にダマされないことを願っています。

SNS課金：つながりへの欲望編

「やっぱり力丸さんがいないと始まらないですよね」

「力丸さん！　おつかれです！　ひと勝負行きましょう！」

「ちょっと難易度の高いクエストに入るんですけど、力丸さん一緒にきてもらえませんか？」

22時、会社から帰ってきたあなたがいつものハンドルネームでサーバーにログインすると、次々と仲間から声がかかります。ここは協力プレーが売りのゲーム内課金式アクションゲームの世界。あなたは月の給料の半分近くを注ぎ込み、強力なアイテムを揃えた有力キャラクターを使うプレイヤー・力丸として一目置かれています。

「んじゃ、今夜も行きますか!!」

翌朝、遅刻ギリギリで会社にたどり着いたあなた。寝不足で目はしょぼつき、着古したスーツのズボンは型が崩れ、よれよれ。ゲームのキャラクターがプリントされたネクタイは、およそ仕事向きとは言えませんが、大のお気に入りです。

そんなあなたのファッションセンスに周囲がヒソヒソと陰口を交わしているのは、なんとなく気づいています。しかし、仕事で迷惑をかけたわけでもないのだから……と、意に介さず自分のスタイルを貫いていました。

しかし、あなたの姿勢は周囲から理解されず、いつしかオフィスでは浮いた存在に。今朝も窓際の自席に向かって歩いていても、挨拶してくる同僚も後輩もいません。業務は単純な入力作業が多く、仕事中は1人。昼休みも1人。上司からは定時で処理しきれない量の仕事を割り振られ、ここのところ、毎日残業続きです。

心の支えとなっているのは帰宅後にログインするゲームと、ゲームを通じて知り合った仲間とつながるSNS。思い返せば、初期費用完全無料という宣伝文句に惹かれ、「暇つぶしに始めてみるか」と遊び始めたのが、1年前のこと。初めての課金を行ったのはプレー開始から2週間ほどたったときでした。クレジットカードを使い、ゲーム内のコインを買う形だったのでとくに抵抗感もなく、むしろ課金によって手に入ったアイテムの力でキャラクターのバロメーターが一気に高まったことが感動的でした。

そして、自分が強くなることで協力プレーをする仲間のピンチを救えるのがうれしく、「ありがとう」「助かった」の声がかかるたびに使う額は大きくなっていきました。今ではSNSを通じて、次にどんな冒険に出るかを相談し、ゲーム内での絆は深まるばかり。時にはお互いのリアルでの悩みを打ち明け、励まし合うこともあります。仲間から送られてくるメッセージは、あなたのつらさや苛立ちを的確に捉えていて、会ったことのない相手への信頼感は増すばかり。会社での時間がどんなに苦しくても、帰ったら仲間が待っていると思うと耐えられます。

毎月、使っている額が増えているのを実感するたび、反省はするものの、当面やめることは考えられません。

◆SNSにハマる人と高級車を買う人の心理は同じ

ネットは魅力的な空間です。究極の暇つぶしでもあり、知の集まる場所でもあり、あらゆるエンターテインメントが凝縮された夢のような空間でもあります。私たちはパソコンからはもちろん、歩きながら、エスカレーターに乗りながら、トイレに座りながら、食事をしながら、ベッドに寝っ転がりながら、スマホやタブレットの画面と熱心に向き合うようになりました。

そのマイナス面として、ネット依存症やゲーム中毒と呼ばれる症状に苦しむ人も現れ、専門に治療を行う医療機関も登場しています。そこまで振り切れた状態にならずとも、ネットを介したコミュニケーションに心地よさを感じ、日常生活での人間関係がおざなりになっている人も少なくありません。

これもまた、一種の依存です。このエピソードの主人公は会社でのうまくいかない日々を積み重ねた末、ネットを通じた刺激と楽しみに引き寄せられています。

彼がハマったのはネットでつながったプレイヤー同士が協力しながら、冒険に出るアクションゲーム。チャット機能があり、会話をしながらプレーすることができます。そして、主人公の操るキャラクターは強く、会社での自分と異なり、高い評価を得ています。

「ちょっと難易度の高いクエストに入るんですけど、力丸さん一緒にきてもらえませんか？」

22時、会社から帰ってきたあなたがいつものハンドルネームでサーバーにログインすると、次々と仲間から声がかかります。

主人公にとってネットゲームの世界に入ることは**「承認欲求」**が満たされるだけでなく、人とつながることのできる安心感を覚える行為になっています。今はまだ大丈夫ですが、ゲームの楽しさよりも現実から逃避したい心理が高まっていくと、それは一種の依存状態だと言えます。

ＳＮＳの発達などで、人は対面していなくても自分が承認される喜びを知ってしまいました。フェイスブックの「いいね！」も強力ですが、チャット機能を楽しみながらゲームではより深くつながった印象があり、自分のプレーへの評価がそのまま承認欲求を満たしてくれます。

それはこのエピソードの主人公のように現実の生活でいまひとつ充実感を得られていない人にほど、鮮烈な影響を与えます。

◆個性的すぎるファッションをする人の心理

主人公は一見、確固たる自分のスタイルを保ち、自立しているように見えます。

そんなあなたのファッションセンスに周囲がヒソヒソと陰口を交わしているのは、なんとなく気づいています。しかし、仕事で迷惑をかけたわけでもないのだから……と、意に介さず自分のスタイルを貫いていました。

じつは、似合わない服をずっと着ている人はセンスがないのではなく、強烈に頑固か、孤立していることの表れだと言われています。友人や知人など、親しく話せる人間関係があれば、あんまりひどいセンスの服は指摘されるはずです。それでも似合わない服を着ているのは、他人の意見を聞かないか、自分のやり方を曲げない頑固な人ということになります。

ゲームの世界では、課金してでもキャラクターをできるだけ強くし、活躍するというプレースタイルや奇抜なキャラクターデザインという個性となって、頑固さがプラスに働いているのでしょう。しかし、会社員生活においてはどうしても集団から浮き上がってしまう要因となっています。

もちろん、浮くことは悪いことではありませんが、それがストレスとなっているなら改善していきたいところ。孤立感の受け皿がネットゲームだけでは、人生の先行きにも不安が残ります。

なぜなら、クエストをクリアする達成感、仲間に認められたというれしさはあくまで仮想空間での出来事。ＳＮＳで体験を語り合うことはできても、プレーしている本人は１人で、スマホやタブレット、パソコンに向き合っている状態です。

ゲーム内で培《つちか》われた能力が現実生活で役立つことは少なく、費やした時間も戻ってきません。それでもネットゲームが人を惹き付けるのは、心をうまく掴むようにつくられているから。そしてなにより、より多くのお金を落とすようにも設計されているのです。

◆一度手に入れてしまうと手放すのが惜しくなる

まずこうしたネットゲームの大半は、無料でプレーを開始することができます。

思い返せば、初期費用完全無料という宣伝文句に惹かれ、「暇つぶしに始めてみるか」と遊び始めたのが、1年前のこと。初めての課金を行ったのはプレー開始から2週間ほどたったときでした。クレジットカードを使い、ゲーム内のコインを買う形だったのでとくに抵抗感もなく、むしろ課金によって手に入ったアイテムの力でキャラクターのバロメーターが一気に高まったことが感動的でした。

しばらくプレーして、自ら名前をつけたキャラクターに愛着が湧いたころ、お金を費やすことでプレー時間を短縮することができるなど、課金をすすめるようなイベントが発生します。

その時点ですでに**「保有効果」**という心の動きが起きているので、プレイヤーはゲームそのものをやめにくくなっています。そこで、お金を払ってよりスムーズにゲームを進めるか、より多くの時間を費やしてでも無料でプレーを続けるかを選びます。

ちなみに、保有効果とは所有することで物の価値が高まるという心理。これをうまく活用してビジネスを展開していたのが、アメリカの自動車会社です。

安いデポジットで「ちょっと乗ってみてください」と新車を渡し、「満足いただけなかったら、車を持ってきていただければ前金を返金します」と1週間ほど試乗させます。そして、約束の1週間後、「いかがでしょうか?」と営業マンが訊ねるわけです。

すると、3万ドルのこの車種は自分にとって高すぎる……と思っていた人も、購入に踏み切ってしまう。なぜなら、1週間という期間でもそれを所有したことで、本人のなかで勝手にクルマの価値が高まってしまうからです。

車種も価格も変動していないのに、保有効果によって自分はいいものを所有していると思い、愛着が湧いてしまうのです。

同じことがネットゲームでも発生します。むしろ、キャラクターは自分の分身となる存在ですから、より強力に働くと言えるでしょう。

そこで、作り手側はゲーム展開上、キャラクターのレベルを上げなければいけないシーンで、確実にレベルアップさせるためには課金をしたほうが簡単なルートをつくるなど、さまざまな仕掛けを用意。また、他のプレイヤーから羨ましがられるアイテムを手に入れるために課金が必要だったりと、要所要所でゲームをより楽しむための手段としてもお金が必要なことが示唆されます。

プレイヤーはゲーム内でたくさんの時間を費やし、多くの人と交流することで、ますます保有効果を高められているので、いつしかお金を払ってしまうのです。

◆なぜ高級カジノのチップはちゃっちいプラスチック製なのか

しかも、一度、課金してしまうと二度目以降は一気に抵抗感が薄れていきます。これは価値を変換しているからです。

たとえば、海外に行ってカジノで遊んだ経験のある方はご存じだと思いますが、店内の雰囲気と比べて使われているチップは非常に安っぽい場合がほとんど。豪華な内装と贅沢なサービスを提供しているのに、なぜ、チップはプラスチック製なのでしょうか。もちろん、そこには心理的な誘導があります。

もし、日頃使っている現金のまま賭けていたら、「あの金で何々ができる」と考え、賭け金を引き上げることに抵抗を感じます。しかし、現金から安っぽいチップに両替した途端、通貨価値は変わらないはずが、見た目の違いから賭けることへの抵抗感が一気に下がってしまうのです。

これは、お金でないものに変換することで、お金を使うことに対する抵抗を減らす手法です。ゲーム内課金を使い、コインを購入し、キャラクターを強くしていくことに抵抗感を感じないのも同じ仕組みです。しかも、カジノとは違い、投じたお金はキャラクターの能力アップという確実な結果として返ってきます。そして、強くなったキャラクターの活躍は仲間からの称賛というご褒美にもつながるので、ますますお金を使っていく気にさせます。

このエピソードの主人公はまさにこのループに陥り、たくさんの時間だけでなく、生活を圧迫するくらいの額をネットゲームに投じるようになっています。


こうした消費を抑えたいときには、たった1つ、自分にこう問いかけることです。

「なぜ、今まで買わなかったか？」

その理由を探すことで、無駄な消費はぐっと減っていきます。これがなくても生活できていたのであれば、必要ない。そんなふうに理由付けがはっきりすると、なんとなく買ってしまうことがほぼなくなります。

しかし、このエピソードの主人公は「ネットゲームがなかったときも充実していた」とは言えない毎日を送っていたようです。となると、「買ってはいけない」という禁止は逆に**「カリギュラ効果」**⑩となってしまうかもしれません。

カリギュラ効果は、禁止されると、かえって余計にその行為をやってみたくなる心理のこと。禁止されることで、それが頭を離れなくなり、より魅力的に感じてしまうのです。

たとえば、ダイエット中、私たちは「甘いもの、脂っこいものは食べないほうがいい」と頭では理解できます。しかし、禁止した途端、食べたい欲求も高まっていくものです。このように「絶対に食べないでね！」「こっちを見ないでね！」「誰にも言わないでね！」と言われると、逆の反応を示したくなるのはカリギュラ効果の働きです。

◆会ったこともないネット上の人間に親近感を覚える理由

じつはネットを介したコミュニケーションは、対面での対話よりも簡単に親近感を高めることができるのです。

会話と違い、メールやメッセージのやりとりは前回の内容がそのまま記録として残っています。そこにはそのときの話題の他、相手の言葉遣いや文体といった情報があります。もし、あなたがメールやメッセージをやりとりしている相手との距離を縮めたいのなら、その情報を生かせばいいのです。

言葉遣いや文体を似せることは、相手を「なんとなく気が合うかも……」という感覚にさせ、前回のやりとりの話題に追加するような情報を書き込めば「この人はこちらの話をよく聞いている」と喜んでもらえます。

面と向かっての会話では難しいことが、メールやメッセージならいとも簡単にできてしまうのです。

その結果、主人公はネットゲームのゲーム以外の部分にも強く依存していきます。

時にはお互いのリアルでの悩みを打ち明け、励まし合うこともあります。仲間から送られてくるメッセージは、あなたのつらさや苛立ちを的確に捉えていて、会ったことのない相手への信頼感は増すばかり。

日頃、親しくしている人がいないぶん、メッセージのやりとりの重要度が高まるのも当然です。これだけ結び付きが強くなっている以上、強引に第三者が禁止するのは逆効果になるだけ。リアルライフがネット以上に充実したものになるか、本人が何らかの理由でゲームから離れていかないかぎり、現状を変えることは難しいでしょう。

❶ **「ハロー効果」**

高級ブランドのスーツ、高級時計、高級外車などの小道具を使い、景気がよさそうに見せてくる相手は要注意。その第一特長は演出されたものの可能性が高い。

対処法▼いかにもお金を使っていそうな人、さらに下品な使い方をしている人は、お金を持っていないことが多い。

❷ **「承認欲求」**

金銭に関して「まだまだもっと」と求めている人ほど、ダマされやすい傾向にある。また、お金にまつわる承認欲求が強い人ほど、派手な見た目になっていく。

対処法▼本当に承認欲求が満たされている人は、自分を飾るためのお金は使わない。

❸ **「権威効果」**

詐欺師たちがよく使う権威効果には、派手な装い以外にも、「著名人も使っている」「〇〇さんもグループに入っている」など、権威ある人の名前を出す方法がある。

対処法▼著名人との結びつきを強調する人は注意。自分に自信がない。もしくは、やましいことがある証拠。

❹ **「希少性の法則」**

希少性の法則とは、入手が困難な物ほど、より価値のあるものだとみなす性質のこと。私たちは経験上、どのくらい手に入りにくいかを基準にして、その物の価値を判断するため、希少だと知ると欲しくなる。

対処法▼希少性と必要性は別問題。

❺ **「目線」**

ここでは、目を合わせておいてから意図的に視線を外すことで、交渉のペースを握るというテクニックが使われた。これは初対面の相手ほど、効果的だと言われている。

対処法▼相手が目線を外した理由を考える。

❻「ローボール・テクニック」
最初に乗り越えやすい条件を提示して承諾させ、徐々にハードルを上げていき、売り手にとって有利な状態に持っていくテクニック。

対処法▼はじめからその条件でも買っていたかどうか考えること。

❼「ドア・イン・ザ・フェイス」
最初に断られる可能性の高い提示をし、相手が断った罪悪感につけ込み、その直後に受け入れやすい提案を示すことで要求を通すテクニック。

対処法▼相手が提示する前に自分の望む条件を示す。

❽「保有効果」
保有効果とは、自分が現在所有するものに高い価値を感じ、それを手放すことに強い抵抗を感じてしまう心理。

対処法▼本当に必要なのかどうか自問自答する。

❾「サンクコスト効果」
ここでは、すでに投じてしまった資金と時間へのこだわりが強くなり、仮に損失が膨らんでも損切りに踏み出せない状態。サンクコスト効果の怖いところは先に投資したコストが大きければ大きいほど、心理的効果が増幅され、壊滅的な損害に発展することも。

対処法▼過去に費やした資金や時間は終わったものと考え、現在の状態を改善することに注力する。

⑩「カリギュラ効果」

カリギュラ効果は、禁止されると、かえって余計にその行為をやってみたくなる心理のこと。

対処法▼禁止するのではなく、後回しにさせるとよい。欲求が落ちつく。

SCENE 6
自分

うまくいかないあなたの理由

夫婦のすれ違い編

3日前の夜、得意先の接待を終えて帰宅した夫は、一気に酔いが覚める事態に直面していました。

食卓テーブルの上に封書が一通。中身は、妻からの短い手紙と離婚届でした。

「すんなり別れてください。詳しいことは代理人から連絡させます」

何が問題だったのか……。思い返してみても、夫にはよくわかりませんでした。

結婚3年目、手放しで夫婦円満と言えるほどではなかったものの、年に1度は旅行に行き、お互いの友人も紹介し合い、うまくいっていると思っていました。

夫は何も気づいていない……と確信して、ますます妻の心はさめざめとしていきました。4日前のことです。家を出るために準備は着々と進んでいました。

夫はあいかわらず「仕事だから」と言って、酒の臭いをさせながら深夜に帰宅。妻が専業主婦でいられることが自分の手柄のような顔をして、夜食を用意させ、靴下をリビングに脱ぎ捨てたまま、風呂に入りに行きました。

自分から今日の出来事を話しかけることは久しくしていません。どうせ、返ってくるのは「疲れているから、週末に聞くよ」です。

3日前から夫が繰り返し考えているのは、自分にどんな落ち度があったのだろうか……ということばかり。仕事は懸命にやっていた。貧乏もさせていない。週末、趣味のフットサルに行くときもできるだけ、妻を連れて行くようにしていた。もちろん、浮気はしていない。実家にいたころと同じように過ごせればそれで十分だったから、家事にもあれこれ難しいことは要求していない。彼女の誕生日も結婚記念日も忘れたことはない。

たしかにこの1週間、ほとんど会話らしい会話はなかったけれど、週末、彼女も気に入っている知人のレストランへ連れ出せば大丈夫だと思っていました。自分は十分に努力していたはずで、妻にも不満はなかったはず……ですから。

妻は何年ぶりかのとても晴れ晴れとした気持ちで、旅先の街を歩いていました。「おまえ、歩くの遅いな」と言われずに自分のペースで動ける気安さ、自分の希望を優先できないと黙り込む夫のいない気楽さ。旅に出る前に会った友人から「結局、何が一番イヤだったの?」と聞かれ、すぐに思い出したのは夫の顔でした。

彼は自分がいつも、「してやっている」という表情になっていたのに気づいていなかったはずです。仕事をしてやっている、どこどこへ連れて行ってやっている、話を聞いてやっている、ケンカの後は俺が謝ってやっている……。もちろん、そうしてくださいと頼んだことはありません。

結局、夫の元に妻が帰ってくることはありませんでした。慰謝料の請求額も常識的なもので、弁護士を通じての話し合いはスムーズに進み、2カ月後には離婚が成立。こうなってみると、子どもがいなかったのは幸いだったかもしれません。

それでも、夫の心のなかには大きな疑問が残ったままになっています。いったい自分の何が悪かったのだろうか……と。今も、「妻の気持ちは戻るはずだ」「世間的に見れば十分にいい夫だったはずだ」という思いが消えません。

◆面倒くさがりな脳があなたをダマす

「こうに違いない！」という決めつけや「たしかこっちだったはず」という錯覚、「ああいうタイプは話が通じない」などの先入観。人は大なり小なり思い込みによって物事を決断してしまう生き物です。

その理由は、脳にあります。脳科学が発達し、その非常に高度な働きの仕組みが明らかになる一方で、脳の持つもう1つの側面もはっきりしてきました。それは、脳の持つ、単純で横着な性質です。

たとえば、このページを読んでいるあなたが、頬の筋肉をくいっと持ち上げ、口角の上がった笑顔をつくったとしましょう。今この瞬間、私は笑える話を書いているわけではありませんから、その笑顔はつくり笑顔ということになります。

ところが、脳はこれだけで楽しさを感じとってしまいます。なぜなら、口角が上がることで表情をつくる顔の筋肉が刺激され、脳の記憶に働きかけるからです。

脳は「この筋肉が動いたときは楽しかったときだ」という記憶を思い出し、ストレスを低下させるホルモンを分泌するよう指令を出します。これは言わば、自分が自分にダマされてしまう状態です。

このように記憶や経験によって自動的にある反応が引き出されるのは、脳が負担やストレスの大きな選択を避け、効率と省エネを重んじる性質を持っているからです。その結果、思い込みによって物事を決断してしまう……こうした働きは**「バイアス」**❶と呼ばれています。

こうしたバイアスによる判断は、危ういもののように思われるかもしれませんが、人にとって必要不可欠な機能でもあります。というのも、すべて物事を一から考えて判断し続けていくのは脳にとって非常に負担が大きく、非効率的だからです。

たとえば、経験豊富なビジネスマンであれば、新しい案件にとりかかるとき、「こういう場合、このアプローチが成功しやすい」、「この手の交渉は先手を打つほうが有効だ」と予測します。これは経験に基づいた迅速な判断であって、このバイアスがうまく作用すれば仕事を効率的に進めることができます。

ところが、予想外の変化があり過去と今では状況が違っていた場合、バイアスに頼った判断は自分で自分をダマす結果となります。バイアスは良し悪しとは別に、本来脳に備わっている機能であり、悪いものではありません。しかし、必ず備えている機能だからこそ、誰もが自分にダマされる可能性を秘めているということです。

◆近づくほど相手のことが見えなくなる

このエピソードに登場する夫婦はともにバイアスによる判断を繰り返し、取り返しのつかないところまで関係性を悪化させてしまい、離婚という結末を迎えます。

夫の視点

食卓テーブルの上に封書が一通。中身は、妻からの短い手紙と離婚届でした。

「すんなり別れてください。詳しいことは代理人から連絡させます」

何が問題だったのか……。思い返してみても、夫にはよくわかりませんでした。

突然、切り出された妻からの離婚の申し出。夫は理由がまったく思い当たらず、むしろ夫婦関係はうまくいっていると考えていました。

しかし、それこそがバイアスの罠だったのです。

物事を判断するとき、情報を簡約化《かんやくか》し、効率的に結論を出していく脳のバイアス機能。このなかで、とくに過去の経験や出来事をベースに結論へと至る働きを**「ヒューリスティックス」**❷と呼びます。

このヒューリスティックスは、脳の省エネルートとして日常生活のなかで頻繁《ひんぱん》に用いられますが、人によって判断に一定の偏りが生じるという欠点も備えています。

たとえば、頑固親父と呼ばれる人たちは、年齢を重ねた末に自分の過去の経験や体験に引っ張られて、柔軟な対応がとれなくなっています。これはまさにヒューリスティックスが裏目に出ているパターンで、現状維持に固執するようになってしまう。すると、変化の兆《きざ》しを見逃し、人間関係などを悪化させていくのです。

このエピソードの夫は、妻とうまくいっていた時代の記憶や経験によるヒューリスティックスで日々を過ごしていたため、相手の感情や言動の変化を見逃していたのでしょう。違和感を覚えたときも「きっと、今までと同じ」と考えてしまう。これがヒューリスティックスの怖いところです。

仮にビジネスマンがヒューリスティックスに縛られていた場合、必ず口にするのが「昔はこうだった。おまえらもこうしろ」というセリフです。

本来なら、「昔はこうだったけど、今は状況が変わった。この先はこうやっていこう」という柔軟な見方をするべきところで、「昔はこんなに苦労したのに、おまえらは苦労しなさすぎる。なんでもスマホで調べやがって……」などと言い始める。周囲の助けとなるはずの本人の経験知が、前例主義となり、完全に裏目に出てしまっているパターンです。

今と昔、似ている部分もありますが、必ず変化は生じているのにそれを受け入れられず、認識できていない。

これを読んでいるあなた自身もまた、自分のなかでヒューリスティックスの罠に縛られている部分はないか、改めて問いかけてみてください。

キーワードは「きっと、今までと同じ」や「昔はこうだった」です。

◆自分に都合のいい情報だけ集めてしまう脳

このシーンでは、妻から見た夫が描かれます。そこで描写されるのは、とあるバイアスのかかった夫の姿。ここで妻には、自分の思い込みに合致した情報だけを集める**「確証バイアス」❸**が働いていたことがわかります。

妻の視点

夫はあいかわらず「仕事だから」と言って、酒の臭いをさせながら深夜に帰宅。妻が専業主婦でいられることが自分の手柄のような顔をして、夜食を用意させ、靴下をリビングに脱ぎ捨てたまま、風呂に入りに行きました。

確証バイアスとは、自分で立てた仮説や考え方について、その正しさを証明する情報ばかりを選びとってしまう働きです。これもまた脳の性質によるもの。脳は、基本的に〝きっと、うまくいく〟という方向で、自分の考えを肯定的に捉えるようにできています。

この性質があるからこそ、人は前向きに物事を進めていくことができるわけです。

しかし、確証バイアスが強く働くと、情報の取捨選択に偏《かたよ》りが出始めます。

たとえばあなたが仕事で、あるプロジェクトを立ち上げたとしましょう。社内外からの期待も高く、成功しなければいけないというプレッシャーが大きく膨らんだとき、確証バイアスも強くなっていきます。

すると、そのプロジェクトがうまくいくという方向の情報だけを採用するようになってしまうのです。

類似したケースで成功したプロジェクトが3つありました……と聞いては安心し、この方向性で間違っていないと判断。ところが、公平な目で見てみると同様のケースで失敗したプロジェクトは4倍の12個あった、と。都合の悪い情報はなかったものとして処理されてしまう。つまり、確証バイアスには2つの力が働いているわけです。

1つは自分にとって都合のいい情報を優先的に集めてしまう力。もう1つが、自分にとって都合の悪い情報は無意識下で無視してしまう力です。

都合のいい情報を優先的に集めるだけであれば、否定的な情報と照らし合わせて物事を判断できます。しかし、都合の悪い情報は無視する力が働くと、考え方は一方向にしか向かわなくなります。これが確証バイアスの恐ろしいところです。

このエピソードで言えば、離婚を考え始めた時点から妻には夫の嫌なところだけが目につくようになり、それが積み重なり、プランを実行に移す決断へと至っているのです。ある意味、離婚するためにマイナスな情報を集めていたとも言えます。

◆危機的状況になっても通常だと思い込む

一方、夫のほうは確実に進行していた事態の悪化に対して、見て見ぬふりをしていたようです。

夫の視点

たしかに、この1週間ほとんど会話らしい会話はなかったけれど、週末、彼女も気に入っている知人のレストランへ連れ出せば大丈夫だと思っていました。自分は十分

に努力していたはずで、妻にも不満はなかったはず……ですから。

こうした心の動きの根底にあるのが、**「正常性バイアス」**❹です。

正常性バイアスは不測の事態が起きたときでも、パニックにならないために働くバイアス。気が動転するような出来事があっても、平常心を保ち、行動できるのは正常性バイアスが働くからです。

しかし、正常性バイアスは強く働きすぎると、大きな危険に身を晒《さら》してしまう結果を招きかねません。

たとえば、災害時などで本当は危険が迫っているのに、「まだ大丈夫」「大したことはない」と考えてしまい、逃げ遅れてしまう。倒産の危機と言える財務状況にもかかわらず、経営者が「不況だから」「業界全体が」と言いながら、異常じゃない理由を見つけようとしてしまう。

いずれも、危機的状況に追い込まれていることを認めたくない心理が、正常性バイアスによって強化されているわけです。

夫婦間で丸1週間まったく会話がないのは、完全に異常事態です。しかし、夫は正常であると思いたいがために、目をつぶり、少し行動を起こせば修復可能だと思い込んでいます。その感情は理解できる部分もありますが、自分を安心させるための平常心は関係を破壊させる決定打にもなるのです。

◆成功は自分のおかげ、失敗は他人のせいと思い込む

とはいえ、このエピソードで負のバイアスに心を動かされているのは夫だけではありません。妻は妻で、かつては男らしい、頼れる、決断力があると感じていたかもしれない夫の言動を否定的に捉え、他責的《たせきてき》な思考に囚われています。

妻の視点

彼は自分がいつも、「してやっている」という表情になっていたのに気づいていなかったはずです。仕事をしてやっている、どこどこへ連れて行ってやっている、話を聞いてやっている、ケンカの後は俺が謝ってやっている……。

妻が囚われているのは、**「自己奉仕バイアス」❺**です。

自己奉仕バイアスの特徴は、成功を自分のおかげとし、失敗は相手の責任と考えてしまうところにあります。これは失敗で心を傷つけないために備わっている防御機能で、軽重《けいちょう》はあっても人は自己奉仕バイアスを働かせています。

たとえば、ほとんどのビジネスマンは仕事の成功、失敗をこんなふうに考えたことがあるのではないでしょうか。

「前回の企画がうまくいったのは自分の働きによるものだ。それが今回、失敗してしまったのは、不景気の影響や部署の連携不足などが原因ではないか」

先方のせい、環境のせい、競合他社のせい。仕事をするうえで、誰しも一度はそんなふうに自尊心を守ろうとしたことがあるはずです。

しかし、自己奉仕バイアスが偏って働き始めると、人の業績は過小評価し、自分の出した結果について過大評価していくようになります。これは失敗に対しても同じ傾向があり、自分のミスには目をつむり、人の失敗は責めるようになっていくのです。

このシーンから想像するに、妻は長期間に渡って自己奉仕バイアスの強い影響を受けながら、夫の言動をチェックし、その評価を定めています。当然、夫が関係改善のための行動を起こしていたとしても、それは低い評価に押し込められ、妻の心を動かすことはなかったはずです。

◆自分の心を守るために、脳は思い込みをつくり出す

そして、ここまで関係が冷え切っていても夫婦間の問題がこのタイミングまで表面化しなかったのは、夫が**「一貫性バイアス」**❻の罠にはまっていたからです。

このバイアスは自分のことではなく、他人を見たときに働くもの。具体的には、目の前にいる人がとっている態度やスタンスが、将来に向けても一貫性のあるものだと捉えるバイアスです。

夫には結婚前や新婚時代の妻との蜜月《みつげつ》の記憶が色濃く残っていて、その間に感じた愛情は不変だと信じています。今は関係が冷えていても、きちんと話し合えば修復できる。彼女の心のなかには自分に対する愛情や信頼が残っているはずだ……と。

夫の視点

それでも、夫の心のなかには大きな疑問が残ったままになっています。いったい自分の何が悪かったのだろうか……と。今も、「妻の気持ちは戻るはずだ」「世間的に見ればいい夫だったはずだ」という思いが消えません。

しかし、残酷なことに人は変わります。年齢や置かれた状況によって考え方も、人柄も少しずつ変わっていくのが自然です。ところが、人は目の前にいる相手がかつての性質をそのまま残していると信じてしまいます。

たとえば、ダメな異性と別れられないというケースで強く働いているのも、一貫性バイアスです。出会ったころ、あの人はやさしかった。そのやさしさはきっと今もどこかに残っているはずだ。そう考え、周囲の人からの忠告は心に届かない。脳が持つ本質的な働きだからこそ、バイアスは強く人の心を縛り付けてしまうのです。

このエピソードの夫婦の間に、いつどのようなタイミングで決定的な亀裂《きれつ》が走ったのかはわかりません。もしかすると、この出来事がきっかけになった！ というような事件はなかったのかもしれません。実際、現実の離婚問題の多くも、すれ違いを重ねた末、溝が埋まらず、心が離れた結果がほとんどです。

それぞれが自分のバイアスに引っ張られ、都合のいい方向へ物事を考えてしまうことで、気づくと修復不能な状態にまで関係が悪化していく。人はストレスや負担を避けるため、自分にダマされる道を選んでしまうのです。

EPISODE 12

どん底からの逆転編

時間潰しに入った漫画喫茶で、学生時代に愛読していた漫画を手にとったあなた。かつては、商社を舞台に土下座も厭《いと》わず破天荒《はてんこう》な方法でぐいぐい成功していく主人公の姿に、ワクワクしながら読んでいたのに、今は「こんなことしたら、すぐクビだろ」という冷めた気持ちしか湧きません。ため息をつき、単行本を閉じると同時に思い浮かべたのは、昨日付けで発表された会社のリストラ計画のことでした。

「300名の希望退職者を募集。対象は40歳以上、勤続5年以上の社員」

今年の春に40歳となったあなたは、今の会社に30代となる節目の年に転職してちょうど10年目。前職の小さな出版社時代、自ら企画した出版物でいくつかのヒット作を生み出し、その実績を買われての移籍のような転職でした。

ところが、その後は鳴かず飛ばず。入社前から目をかけてくれていた担当部長の温かい励ましが続いたのも、3年目まででした。

「おまえ、この売れ行きじゃ、完全に赤字だぞ。これ以上、俺に恥をかかせるなよ」

あなたにとって渾身《こんしん》の企画でした。ヒットの予感を信じ、部長を巻き込み、異例の部数での出版にこぎつけたものの、売れ行きは低迷します。会社は費用を回収できず、あなたは部長の応援という後ろ盾を失うことになりました。

その直後、まったく畑違いのジャンルの編集部への異動が発令され、あなたはゆっくりと確実に自分への自信を失っていきました。

それ以来、大切にしてきたのはみんなと同じように与えられた企画をコツコツこなし、目立たず控えめに仕事をすること。「家族のためにも……」を口ぐせにし、職を失うという事態だけは避けていると自己を正当化してきたのです。

オリジナリティの高い企画は控え、ヒット作の後を追うような類似書で手堅い数字を残していました。それでも酒を飲むと、「リストラが始まれば転職組の自分が真っ先に指名される」と自嘲《じちょうぎみ》気味に語るあなたを尊敬する後輩はいませんでした。

そんな状態でついに現実のものとなったリストラ計画。自嘲気味に語ってきた通り、会社は転職組を中心に役員面接という肩叩きを始めます。

落ち込むあなたをさらに動揺させたのは、長年、支えてくれた妻の入院でした。医師からは「命に別状はないものの、入院は長期にわたる」と告げられたあなた。治療費を稼ぎ出すためにも、ここでリストラを受け入れるわけにはいきません。

ここがどん底か……と頭を抱えるあなたに、病床《びょうしょう》の妻が思わぬ励ましの言葉をかけてくれました。

「好きなようにやっちゃいなさいよ。クビになったら、なったで、どうにかなるわよ。結婚したころなんか、何も持ってなかったじゃない」

妻と一緒になったのは、転職前の出版社で駆け出しだったころ。給料も安く、外階段がかんかん鳴るような安アパート暮らしで、家にある贅沢品は大きな本棚といっぱいの本くらいでした。

思わぬ形で初心に返ったあなたは、意欲的に新企画を練っては、部内の会議で発表し始めます。

「あいつ、肩叩きにあって目の色変えているぜ」

「今さらがんばったって、遅いと思いますけどね」

と同僚たちの陰口も聞こえてきましたが、この10年の自分を捨てようと背水の陣で歩み出したあなたは止まりません。妻の入院をヒントに企画した健康書を世に送り出すため、かつての担当部長、現在の役員に土下座をし、最後のお願いとして協力をとり付けました。

こうして十数年ぶりに企画立案から広告戦略まで目の届くかぎり、全力を尽くした書籍は新聞、テレビでも話題となり、ベストセラーに。完全に失地を回復したあなたは、再び社内でも、業界内でも一目置かれる存在に返り咲きました。

そして、そんなあなたに何よりもうれしいご褒美が待っていました。妻の退院です。

「1冊、ヒットしたからって、安心しないで。もっといい本、つくってよ」

◆人は「欲しくても手に入らないもの」をけなす

ヒューリスティックスの紹介で述べた通り、人は自分の下した決断がいい選択だったと思い込む性質があります。選択を正当化するために他の対象の価値を引き下げるなど、自分にとって都合のいい情報ばかりを集めていきます。

このようにヒューリスティックスやバイアスを強化する心理の働きは**「カラーバス効果」**❼とも呼ばれ、物事を一定のフィルター越しに見ることで自分を守ろうとしてしまうのです。

最後のエピソードの主人公は、あるヒューリスティックスに絡めとられ、精神的に身動きとれない状況にあります。物事を自由に捉えていたころは楽しめた漫画も今の自分を守るためには否定すべき対象となっていて、硬い殻のなかに身を潜めています。

かつては、商社を舞台に土下座も厭わず破天荒な方法でぐいぐい成功していく主人

公の姿に、ワクワクしながら読んでいたのに、今は「こんなことしたら、すぐクビだろ」という冷めた気持ちしか湧きません。

かつて憧れた世界観も今の自分には手の届かないものになってしまった……。その事実によって自分が傷つかないため、努めて冷めた気持ちで対処する。このように憧れていた世界の価値を下げることで対処する心理を**「すっぱい葡萄《ぶどう》」**❽と呼びます。

これは、手に入れることができなかったものについて、「どうせたいした価値はない」と考えることで、自分の感じる悔しさや敗北感などの負の感情を紛らわせる心理メカニズムです。名前の由来はイソップ童話から。あるお話に登場する狐が、高い場所にあって届かない葡萄を「どうせすっぱい葡萄にちがいない」と考えたというエピソードに由来しています。

主人公がすっぱい葡萄で自分の心を守っているのは、転職後の挫折経験とその前後の記憶によって、自分には能力がない、これ以上傷つきたくないというヒューリスティックスに絡めとられているからです。

ところが、その後は鳴かず飛ばず。入社前から目をかけてくれていた担当部長の温かい励ましが続いたのも、3年目まででした。

「おまえ、この売れ行きじゃ、完全に赤字だぞ。これ以上、俺に恥をかかせるなよ」

あなたにとって渾身の企画でした。ヒットの予感を信じ、部長を巻き込み、異例の部数での出版にこぎつけたものの、売れ行きは低迷します。

本来、カラーバス効果には本人のモチベーションを高める力があります。しかし、主人公のように負の方向へヒューリスティックスが働いている場合、カラーバス効果で集まる情報も否定的なものばかりになります。すると、新しいことに挑もうというやる気や意欲は乏しくなり、現状維持を望む非常に保守的な考え方に支配されてしまうのです。

◆できない理由ばかり探している人の心理

本意ではない異動の後、主人公は自己評価を下げ、ことさら淡々と仕事をするようになっていきます。

それ以来、大切にしてきたのはみんなと同じように与えられた企画をコツコツこなし、目立たず控えめに仕事をすること。「家族のためにも……」を口ぐせにし、職を失うという事態だけは避けているとと自己を正当化してきたのです。

オリジナリティの高い企画は控え、ヒット作の後を追うような類似書で手堅い数字を残していました。

なかでも、注目すべきポイントは「家族のため」を理由にして、自分の行動を支えている点です。これは**「セルフ・ハンディキャッピング」**❾と呼ばれる心理です。

たとえば、学生時代、試験の前に突然、部屋を片付け始めたり、当日の朝、周囲に「全然、勉強していない」とアピールしたことはないでしょうか。あるいは、異性の前で「俺はモテないから……」と聞かれていないのに言ってみたり、上司から難しいことを頼まれたときに「私バカだから……」と苦笑してみせるのも、まさにセルフ・ハンディキャッピングです。

なぜ、そんなことをするかというと、自分が不利な状況にあることを周囲に表明したり、物事を進めるうえで障害をあらかじめつくっておくことで、うまくいかなかったときにプライドが傷つくのを避けるため。

セルフ・ハンディキャッピングは、自我を守るための防衛機制の1つです。プライドを守るために、あらかじめ「言い訳」を用意したわけです。

すると、失敗しても成功しても、自分にとって悪くない状況が生まれます。失敗した場合は、○○だったから仕方ないとショックを和らげることができ、成功したら、○○だったのにうまくいったなんてすごいと自尊心を満たすことができます。

すっぱい葡萄やカラーバス効果、セルフ・ハンディキャッピングといった心の働きは、人間がストレスを緩和し、心の平穏を得るために発達させてきたものだと言えます。こうしたメカニズムが働くからこそ、人間は過度のプレッシャーやストレスから自分を守り、心理的な消耗を避けられるようになってきたのです。

しかし、そういったメリットがある一方で、デメリットもあります。自分を守ろうとするあまり、チャレンジを避け、目標に向かうことをあきらめるようでは、現状維持以上の未来は望めません。

ほどほどで大丈夫と言い聞かせ、成長の機会を放棄していると、このエピソードのリストラ策のような突然の外的要因によって窮地に陥る可能性が高まります。そうなったとき、自分を守るための心の働きが、結果的に自分を傷つけることとなるのです。

◆負のバイアスから脱け出すには？

では、脳が選択する省略ルートであるバイアスやヒューリスティックス、自己防衛機能である、すっぱい葡萄やカラーバス効果、セルフ・ハンディキャッピング。こういったものがマイナスの働きをしているとき、自ら軌道修正することは難しいのでしょうか。

じつは2つの方法があります。1つは意識的に第三者の意見を求める方法。もう1つは強制的に外圧を受ける方法です。このエピソードで主人公がかつての自分をとり戻していくきっかけとなったのも、妻の本音という第三者の意見と会社のリストラ策という強制的な外圧でした。

「好きなようにやっちゃいなさいよ。クビになったら、なったで、どうにかなるわよ。結婚したころなんか、何も持ってなかったじゃない」

ビジネスの世界で「反対してくれる人の意見こそ大事だ」と言われるのは、自覚しないまま確証バイアスやヒューリスティックスの罠に陥ってしまったとき、それを破るのに有効だからです。

実際、意見を求める相手を間違えると、罠を強化する結果になることもあります。たとえば、同じプロジェクトを進めている仲間や社内の別の部署の人間に意見を聞いたとしても、客観的な見方はなかなか出てきません。

これは、自己奉仕バイアスに似た**「内集団バイアス」**⑩というバイアスが働いているからです。内集団バイアスとは、自分が所属している集団は、他の集団に比べて有能で、価値があると考えるバイアスです。

希望してした転職のはずが、前の会社、前のチームのほうがよかったと思ってしまう。自分の属している集団は多様性に富んでいて、優れていると考える。それが事実ならば問題ありませんが、人は内集団バイアスによって「自分はいい集団に属している」と考えがち。その結果、欠点に目を向けず、色眼鏡をかけた状態で現状を判断してしまうのです。

当然、そういった集団内にいる以上、反対意見は出にくくなります。このエピソードの主人公が、類似書の企画で仕事を進めていたのは、彼の属する集団に同じ傾向があったからでしょう。

◆自分にダマされない勇気を持てば、人生が変わる！

しかし、リストラ策の発表と妻の言葉によって、主人公は独自色の強い企画でヒットを出していた当時のやり方に戻っていきます。すると、内集団バイアスは異物への攻撃を始めます。

「あいつ、肩叩きにあって目の色変えているぜ」
「今さらがんばったって、遅いと思いますけどね」

と同僚たちの陰口も聞こえてきましたが、この10年の自分を捨てようと背水の陣で歩み出したあなたは止まりません。

内集団バイアスを破る言動をしたとき、周囲から発生する声に嫉妬が混じっていれば、それは正しい選択をしている証拠です。

相手は「これはうまくいくな」「自分もそんなふうにやってみたい」と感じているからこそ、批判的になっていく。しかし、その批判は論理的ではなく、感情的で嫉妬が入り混じったものになります。

このシーンのように周囲の陰口が企画そのものに向かわず、本質部分をすり替えた批判になっていれば、その選択は成功する可能性が高いと考えていいでしょう。

周りは、すっぱい葡萄をとりに行く勇気やセルフ・ハンディキャッピングを見せない姿勢に、嫉妬しているだけです。そして、そういう選択ができているということは、その時点で確証バイアスやヒューリスティックスの罠から脱することができていると言えます。

この主人公はこの先、新たな自分を発見し、長いトンネルを脱するはずです。

❶ **「バイアス」**
脳が負担やストレスの大きな選択を避け、効率と省エネを重んじる性質。

対処法▼自分の言動を紙に書き出すなどして、どんなバイアスにかかっているかを自覚するよう努める。

❷ **「ヒューリスティックス」**
過去の経験や出来事をベースに結論へと至る働き。柔軟な対応がとれなくなっている状態。

対処法▼「きっと、今までと同じ」や「昔はこうだった」と思い始めたら、自分の判断を疑ってみる。

❸ **「確証バイアス」**
自分の思い込みに合致した情報だけを集め、合致しない情報は無視する傾向。

対処法▼「きっとうまくいく」と疑いなく考えている自分に気づいたら、客観的な第三者にアドバイスを求める。

❹ **「正常性バイアス」**
不測の事態が起きたときでも、パニックにならないために働くバイアス。強く働きすぎると、大きな危険に身を晒してしまう結果となる。

対処法▼不安や緊張を感じた場合は、安易に「大丈夫」と考えず、その原因を探っていく。

❺ **「自己奉仕バイアス」**
成功は自分の力、失敗は相手の責任と考えてしまう傾向。失敗によって自分の心を傷つけないために備わっている防御機能の1つ。

対処法▼成功の理由、失敗の原因などについて箇条書きにし、客観的な視点で分析する。

❻ **「一貫性バイアス」**

今、目の前にいる人がとっている態度やスタンスが、将来に向けても一貫性のあるものだと捉えてしまうバイアス。

対処法▼人の考え方や性格は、時を経ることで変わることもあるという認識を持つ。

❼ **「カラーバス効果」**

自分の思い込みに関係する情報だけを集め、ヒューリスティックスやバイアスを強化する働き。

対処法▼あえて、自分の思い込みに反する情報に触れる時間をつくる。

❽ **「すっぱい葡萄」**

憧れていたものの価値を下げることで、自分が傷つかないよう対処する心理。

対処法▼小さな成功体験を積み重ねることで、手の届く範囲を広げていく。

❾ **「セルフ・ハンディキャッピング」**

自分が不利な状況にあることを表明したり、障害をあらかじめつくるなど、言い訳を用意し、うまくいかなかったときにプライドが傷つくのを避ける防衛機制の1つ。

対処法▼言い訳するのをやめて、全力でとり組んでみる。

❿「内集団バイアス」

自分が所属している集団は、他の集団に比べて有能で、価値があると考えるバイアス。

対処法▼集団内の常識を疑うところから始めてみる。

著者紹介

メンタリストDaiGo　人の心を読み、操る技術“メンタリズム”を駆使する日本唯一のメンタリスト。テレビ番組への出演多数。外資系企業の研修やコンサル、教育誌への連載なども手掛けている。主な著書に『メンタリズム恋愛の絶対法則』（小社）、『人を操る禁断の文章術』（かんき出版）、『一瞬でYESを引き出す 心理戦略。』『男女脳戦略。』（ともにダイヤモンド社）など。ベストセラー多数、著書は累計で80万部を超える。

限《かぎ》りなく黒《くろ》に近《ちか》いグレーな心理術《しんりじゅつ》

2015年 6 月10日　第 1 刷
2018年12月10日　第10刷

著　者　メンタリストDaiGo《ダイゴ》
発行者　小澤源太郎

責任編集　株式会社 プライム涌光
電話　編集部　03(3203)2850

発行所　株式会社 青春出版社
東京都新宿区若松町12番 1 号 〒162-0056
振替番号　00190-7-98602
電話　営業部　03(3207)1916

印　刷　共同印刷　　製　本　大口製本

万一、落丁、乱丁がありました節は、お取りかえします。

ISBN978-4-413-03955-0 C0011